ANDY KALTENBRUNNER,
MATTHIAS KARMASIN,
DANIELA KRAUS (HG.)

Journalisten-Report IV

Medienmanagement in Österreich

Mitarbeit: Klaus Bichler

Ein Forschungsprojekt von

facultas.wuv

Mit Unterstützung von

Bibliografische Information der Deutschen Nationalbibliothek

Die Deutsche Nationalbibliothek verzeichnet diese Publikation
in der deutschen Nationalbibliografie;
detaillierte bibliografische Daten sind im Internet unter
http://d-nb.de abrufbar.

© 2013 Facultas Verlags- und Buchhandels AG
facultas.wuv, Stolberggasse 26, 1050 Wien
Alle Rechte vorbehalten

Gestaltung und Satz: MEDIA-N.at
Druck: Facultas
Printed in Austria

ISBN 978-3-7089-0837-3

INHALT

VORWORT

Noch nie gab es so viele Medienexperten – und dabei gab es immer schon Hunderttausende auch in Österreich: Schließlich lasen, bis vor einiger Zeit, drei Viertel der Bevölkerung eine Tageszeitung (meistens nur eine). Sie wussten deswegen immer schon, wie diese besser zu machen wäre. Es sitzen, immer noch, knapp zwei Drittel der Österreicher täglich und länger denn je vor einem TV-Empfangsgerät und haben – selbstverständlich – mehr Gespür als die Programmdirektoren, was denn auf Sendung gehen sollte.

Mit Digitalisierung und Internet wurden dank Rückkanal und einfacher Produktion inzwischen alle Rezipienten gleich zu Produzenten, als Journalisten und Manager ihrer Inhalte gleichermaßen. Wenigstens theoretisch. Denn so schön Bertolt Brechts Radiotheorie mit der Hoffnung auf demokratischere Verhältnisse bei der gesellschaftlichen Kommunikation im World Wide Web technisch realisiert scheint, behält ein anderer Satz von Brecht ebenfalls Gültigkeit: „Ein Mann, der etwas zu sagen hat, aber keine Zuhörer findet, ist schlimm dran. Noch schlimmer sind Zuhörer dran, die keinen finden, der ihnen was zu sagen hat."

Professionelle Medienmacher sind also vermutlich weiterhin gefragt. Solche, die etwas zu sagen haben. Oft werden das gänzlich Neue sein. Es ist keineswegs ausgemachte Sache, dass Journalismus weiterhin in den traditionell zuständigen Medienorganisationen stattfindet. Es ist längst deutlich, dass Geschäftsabläufe nicht jahrzehntelang gleich und die Wertschöpfungsketten wie ehedem und ehern bestehen bleiben. Sie haben sich im Gegenteil zuletzt sehr schnell verändert. Aber es bleibt plausibel, dass sich in den transitorischen Medien- und Kommunikationskontexten auch professionelle Strukturen weiterentwickeln und durchsetzen werden: für einen Journalismus und dessen Finanzierung in alten und ganz neuen Medien. Umso bedeutsamer ist, wie diese Medien jetzt und in die Zukunft geführt werden. Darüber wissen wir bisher aus der Forschung wenig.

Mit den Arbeiten zu den „Journalisten-Reports" hat das Team von Medienhaus Wien vor knapp einem Jahrzehnt begonnen, die Protagonisten auch in Österreich empirisch und wissenschaftlich genauer zu betrachten und vertiefend zu befragen. Die Ergebnisse zur Soziodemografie und die folgenden repräsentativen Befragungen bildeten seither eine Grundlage weiterer Forschungsarbeiten. Viele Branchendiskussionen über Einkommen, Gender-Fragen, neue Kollektivverträge, Qualifikationsbedarf, medienpolitische Regulierung wurden substanzieller. Das war durchaus erwünscht. Durch die Abstimmung unserer Studiensettings mit den internationalen Arbeiten zum Thema wurde Österreichs Journalismus über die Grenzen hinweg sichtbar und vergleichbar.

Nun stehen als eine logische Fortsetzung die heimischen Medienmanagerinnen und Medienmanager im Mittelpunkt unserer Forschungsfragen. Auch von ihnen fehlten bisher die Basisdaten: wer sie sind, was sie tun, wohin sie wollen.

In einem gemeinsamen Forschungsprojekt von IMK der Universität Klagenfurt[1] und Medienhaus Wien wurden Grundlagen erfasst, in Folge Befragungsinstrumente gemeinsam mit Gallup/Karmasin Motivforschung entwickelt und die Ergebnisse dieser ersten umfassenden Medienmanagerbefragung dienten wiederum als Basis der Analysen auf den folgenden Seiten.

Wir bemühen uns dabei um jene Annäherung an den Schnittstellen von Theorie und Praxis, internationale Forschung und Berufserfahrung, die schon bei der Gründung von Medienhaus Wien Leitprinzipien waren.[2] Einen ersten Vergleich bringen im vorliegenden Band bereits die Kollegen Carsten Winter und Christopher Buschow von der Hochschule für Musik und Theater in Hannover ein, die selbst gerade deutsche Medienmanagementdaten in einer großen, nationalen Studie erfassen. Nikolaus Koller, bis Mitte 2013 in der *Presse* journalistisch für Karrierefragen zuständig und nun Studiengangsleiter „Journalismus und Medienmanagement" an der FHWien, steuert Ergebnisse eigener Forschungsarbeit zu Anforderungsprofilen für Medienmanager bei.

Durch langjährige, führende Praxis in ihrem Feld ausgewiesene Managerinnen und Manager unterziehen im Anschluss an die Kapitel mit unseren Ergebnisdaten und wissenschaftlichen Interpretationen diese einem Reality-Check aus ihrer Perspektive: Alexander Wrabetz (*ORF*-Generaldirektor) und Hermann Petz (CEO der *Moser Holding*) kommentieren die zentralen medienpolitischen Themen und Diskussionen Österreichs. Der langjährige Chefredakteur Claus Reitan (*TT, News,*

1 Jubiläumsfondsprojekt Nr. 14327: „Zwischen Publizistik und Ökonomie: Medienmanager/innen in Österreich", unterstützt vom Jubiläumsfonds der Oesterreichischen Nationalbank.

2 In der Diskussion um gendergerechte Formulierung haben wir die Entscheidung den Autoren und Autorinnen der einzelnen Beiträge überlassen. Wenn nur eine Form verwendet wird, geschieht dies im Sinne der leichteren Lesbarkeit.

Furche) sieht sich berufsethische Ansprüche an die General- und Redaktionsmanagements im Spannungsfeld von Theorie und Praxis an. Gerlinde Hinterleitner (Gründerin und Chefredakteurin von *DerStandard. at*) und Peter Kropsch (Geschäftsführer der *APA*) erklären pointiert, wie schwierig es ist, in einem kleinstaatlichen, konzentrierten Mediensystem zu forcieren, was angeblich dringend gefordert, aber ebenso sehr gefürchtet wird: Innovation.

Wir denken, auch diesen Expertisen ist anzumerken, wie der „Journalisten-Report" sich bemüht, die Ebene des Tages- und Wochendiskurses zu verlassen. Praxisorientierte Medienforschung muss unserem Verständnis nach versuchen, auf Basis der vielen Forschungsdaten doch wieder die Sicht aufs Ganze zu ermöglichen und neue Perspektiven für die Medienzukunft zu erschließen.

Aus dem Team von Medienhaus Wien wurden die Herausgeber dabei von Klaus Bichler wissenschaftlich koordinierend unterstützt. Annina Kummer und Sonja Luef halfen zudem bei der Auswertung von internationalen Studien und Fachpublikationen und prüften die neuen, eigenen Befragungsergebnisse jeweils sorgsam. Renée Lugschitz hat einmal mehr dafür gesorgt, dass manch übertriebenes Fachsprech doch noch eine deutsche Entsprechung fand und die Texte generell jene Qualität haben, die wir uns wünschen.

Unser Dank gilt wieder Sabine Kruse und Norbert Novak bei facultas. wuv, die den „Journalisten-Report" mit so viel Aufmerksamkeit begleiten und verlegerisch und grafisch entwickeln. Das ist gutes Medienmanagement am sehr lebendigen Objekt.

Druck und Vertrieb in Fachkreisen wird zudem durch ein sehr hilfreiches Sponsoring der Wiener Städtischen Versicherung unterstützt.

Allen Mitwirkenden und Unterstützern ist bewusst, dass die Gegenstände unserer Forscherneugierde, Medien als Träger von Massenkommunikation, eben ein Compositum mixtum sind: ein Wirtschaftsfaktor und ein bedeutsames Kulturgut. Ein schon seit Jahrzehnten häufig geteilter Satz stellt das so zur Debatte: „Who says What in Which Channel to Whom with Which Effects" (@Harold Lasswell, geschrieben Ende der 1940er-Jahre). Heute wäre das ein perfekter Tweet, aber jetzt wollen wir auch noch wissen, wer diese Prozesse wie und mit welchen Motiven in den Medienmanagements bewegt. Ein paar Antworten darauf gibt der vorliegende Band.

Andy Kaltenbrunner
Matthias Karmasin
Daniela Kraus

EINLEITUNG

Matthias Karmasin
Konturen eines Forschungsfeldes

Das Management von Medien(-unternehmen) rückte im deutschen Sprachraum erst in den 1980er-Jahren in den Mittelpunkt des (kommunikations-)wissenschaftlichen Interesses. Auslöser war die Liberalisierung des deutschen TV-Markts, der eine Ausweitung des medienökonomischen Objektbereichs bedeutete. Bis dahin hatte sich die Forschung vor allem mit Fragen der Medienkonzentration und Medienmarktordnung beschäftigt. Seit damals bereichern Fragen nach den Möglichkeiten und Grenzen der Anwendung betriebswirtschaftlicher Erkenntnisse aus anderen Industrien und nach den professionellen Konturen der Führung von Medienunternehmungen die theoretische und praktische Diskussion.

Was ist Medienmanagement?
Die relativ junge Geschichte des Feldes Medienmanagement mag auch erklären, warum theoretische Abgrenzungen noch sehr unterschiedlich ausfallen und empirische Ergebnisse rar sind. In Ermangelung eines allgemein gültigen theoretischen Ansatzes ist die Kommunikationswissenschaft in (anglo-)amerikanischer Tradition bis heute praxisbezogen und betriebswirtschaftlich orientiert und beschäftigt sich vor allem mit Fragen zu konkreten Tätigkeiten des Medienmanagements. Schon in den Neunzigerjahren formulierte Albarran: „Media Economics is the study of how media industries use scarce resources to produce content that is distributed among consumers in a society to satisfy various wants and needs" (Albarran 1996: 5). Sherman definierte die Tätigkeiten noch konkreter: „Media management consists of (1) the ability to supervise and motivate employees and (2) the ability to operate facilities and resources in a cost-effective (profitable) manner" (Sherman 1995: 10).
Bis heute hat sich im Forschungsansatz wenig geändert: „[M]edia management researchers to date have focused primarily on the external environment, structural characteristics, industry output, and consumers"

(Küng 2007: 33). Die Wissenschaft ist noch immer auf der Suche nach einer theoretischen Basis für die vielfältigen Anforderungen des Alltags der Medienproduktion. Der Befund von Albarran scheint nach wie vor zu gelten: „The complex day-to-day challenges associated with managing a radio, television, cable, or telecommunications facility make identifying or suggesting a central theory impossible" (Albarran 1997: 6).

Auch im deutschen Sprachraum gibt es keine eindeutige Definition zu Medienmanagement, sondern eine Reihe unterschiedlicher Ansätze. Scholz bietet eine sehr umfassende Definition: „Medienmanagement bedeutet zum einen das Management von Medien als deren bewusste Gestaltung und zum anderen das Management von Medienunternehmen" (Scholz 2006: 13). Das heißt, Medienmanagement bezieht sich nicht unbedingt auf Medienunternehmen, sondern auf das Machen von Medien – sei es die Verantwortung für eine Tageszeitung oder für die mediale interne und externe Präsentation eines Sportartikelherstellers. In diesem Sinne formuliert Drumm: „Mit Medienmanagement werden erfolgsorientierte Beschaffung, Einsatz und Kontrolle von Medien in Unternehmungen bezeichnet. Zweck des Medienmanagements ist die mediengestützte Kommunikation und Kooperationen in Unternehmungen" (Drumm 2008: 53). Unter Medienmanagement wird also nicht immer nur das Management von Medienunternehmen im engeren Sinne verstanden, es kann auch medial unterstütztes Kommunikationsmanagement in jeder anderen Branche umfassen.

Drei verschiedene theoretische Zugänge zu Medienmanagement lassen sich für den deutschen Sprachraum unterscheiden – pragmatische, betriebswirtschaftliche und kulturwissenschaftliche:

*   *Pragmatische Zugänge* stellen die konkreten Aufgabenfelder in den Mittelpunkt. „Medien- und Multimedia-Management umfasst alle Aktivitäten der Planung, Organisation und Kontrolle in Medien- und Multimediaunternehmen mit dem Ziel, einen unternehmerischen Erfolgsbeitrag zu leisten" (Wirtz 2003: 23). Praxisorientierte Definitionen wie diese lassen sich im Prinzip auf jede Branche anwenden. Auch Bankmanagerinnen und -manager oder Verantwortliche in der Lebensmittelindustrie planen, organisieren und kontrollieren, um ihrem Unternehmen eine bestmögliche Position auf dem Markt zu sichern. Genauso ist die Führungsarbeit, die Breyer-Mayländer in den Vordergrund stellt, Bestandteil dieses General Managements: „Ein elementarer Bestandteil des Aufgabenspektrums im Medienmanagement ist die Führungsarbeit. Dabei umfasst die Führungsarbeit nicht nur die von Seiten der Betriebswirtschaftslehre als Schnittstelle zur Managementwissenschaft abgehandelte Unternehmensfüh-

rung, sondern neben den Führungsentscheidungen, die primär auf die Sachebene bezogen sind und die Ausgestaltung der Unternehmenszukunft betreffen, geht es auch um die Führung im Sinne der Mitarbeiterführung" (Breyer-Mayländer 2004: 127). Diese Definitionen von Medienmanagement orientieren sich kaum an den begrifflichen Vorgaben der Medien- und Kommunikationswissenschaften. Medienmanagement ist also in dieser begrifflichen Tradition nicht nur das Management von journalistisch berichtenden Massenmedien, sondern das Management jedweder mediengestützter Kommunikationsprozesse.

- *Der betriebswirtschaftlich fokussierte Zugang,* wie ihn zum Beispiel Wirtz formuliert, sieht das Medienmanagement als eine besondere Spielart des Businessmanagements, jedoch nicht als eigene Wirtschaftswissenschaft. Dabei werden Erkenntnisse und Fragestellungen aus der allgemeinen Betriebswirtschaftslehre auf den besonderen Fall von Medien(unternehmen) angewendet. „[M]edia and internet management is seen not as an interdisciplinary science but rather as a management doctrine related to the media sector" (Wirtz 2011: 15, siehe dazu auch Wirtz 2003: 23).
- *Kulturwissenschaftlich inspirierte Zugänge* stellen die Besonderheit von Medien in den Mittelpunkt. Sie verweisen entweder auf die Dualität von Medien – sowohl als Kulturgüter als auch als Wirtschaftsgüter. Oder sie definieren Medienmanagement ausschließlich mit seiner Aufgabe für die Kommunikation in einer Gesellschaft. So sieht Glotz Medienmanagement als die „Steuerung/Vermittlung mediengestützter Kommunikationsprozesse zwischen Personen/Institutionen bzw. ‚Zeitgeist'-Themen und (Massen-)Publikum" (1998: 236).

Die Forschung beschäftigt sich heute vor allem mit den beiden erstgenannten Perspektiven, um Medienmanagement wissenschaftlich zu erfassen – Betriebswirtschaft und konkrete Aufgabenfelder: „Die erste besteht in der Beschreibung einer speziellen Betriebswirtschaftslehre, die neben den allgemeinen betriebswirtschaftlichen Grundlagen auch speziell auf die Medienbranche ausgerichtete Themen behandelt. Als Subkategorien sind dabei sowohl die innerbetriebliche Steuerung der Medien als auch die Führung von Medienunternehmen anzutreffen. Die zweite Perspektive entwickelt Einsatzszenario und Begriff des Medienmanagements aus dem eher angewandten Medienschaffen. Sie fügt in unterschiedlichen Konstellationen wirtschaftliches Denken und Handeln den klassischen Medientätigkeiten Publizieren und Produzieren zu" (Hilmer 2009: 23). In diesen Definitionen werden die relevanten Unterschiede der Medien als Industrie, aber auch als gesellschaftliche

Institutionen betont. Eine umstandslose Übertragung von Konzepten aus anderen Branchen kommt deswegen auch nicht infrage.
Management ist also nicht gleich Management. Der Erfolg von Medienunternehmen kann nicht alleine an ökonomischen Kriterien gemessen werden. So wird Management „als die permanente Wahrnehmung, Akkumulation und Artikulation von Alternativwissen und seine Anwendung auf den Leistungserstellungsprozess erkennbar. Die Anwendung des Alternativwissens sollte dabei insbesondere in der Medienbranche nicht auf betriebswirtschaftliches Wissen eingeschränkt sein. (…) Die Aufgabe von Management ist es (…), Routinen in Organisationen derart durcheinanderzubringen, dass sie sich an veränderte eigene und externe Zustände anpassen können" (Karmasin/Winter 2002: 12). Küng fordert konsequenterweise eine Anpassung von Managementtheorie auf mediale Spezifika: „The goal of studying media management must be to build a bridge between the general discipline of management and the specificities of the media industry and media organizations" (Küng 2007: 24).

Wer macht Medienmanagement?
So unterschiedlich wie die Zugänge zu Medienmanagement sind auch die Berufsbilder für Medienmanager, also für jene Personen, die diese Aufgaben und Funktionen wahrnehmen. Im Prinzip lassen sich zunächst zwei Arten von Medienmanagern unterscheiden:
• Menschen, die den Einsatz von Medien in Unternehmen aller Branchen managen
• Menschen, die in Medienunternehmen Managementaufgaben haben
Ab wann darf sich nun jemand, der sich mit Medien beschäftigt, Medienmanagerin oder Medienmanager nennen, welche Kriterien müssen für dieses spezielle Berufsbild erfüllt sein? Die Kommunikationswissenschaft kennt dafür drei Zugänge: den formal taxativen, den strukturell-institutionellen und den individuellen Zugang.

1. Der formal taxative Zugang
In diesem Fall ist die Zugehörigkeit zu einer Profession durch formale Kriterien, etwa über Berufslisten, Kammern, gesetzliche Regelungen, Kollektivverträge etc. festgelegt. Medienmanager oder Medienmanagerin ist also, wer Mitglied einer Berufsorganisation ist oder sich auf einschlägigen Berufslisten findet. Diese Definition hat den pragmatischen Vorzug, die Grundgesamtheit formal genau zu definieren und eng zu umgrenzen. Nur: In Österreich existieren formale Zugehörigkeitsmerkmale wie etwa bei Juristinnen und Juristen oder Medizinerinnen und Medizinern für Medienmanagerinnen und Medienmanager

nicht. Der Zugang zum Beruf ist (wie beim Journalismus) weder an eine einschlägige Ausbildung gebunden, noch durch andere Zugangsbestimmungen geregelt, ebenso wenig gibt es eindeutige Kollektivverträge oder Standesvertretungen. Eine rein formale Abgrenzung kommt aus den genannten Gründen daher kaum in Betracht.

2. Der strukturell-institutionelle Zugang

In diesem Fall ist Medienmanagement über bestimmte Tätigkeiten in einem Medienunternehmen definiert. Management setzt Personal- oder Budgetverantwortung voraus. Medienmanagerin oder Medienmanager ist also nur, wer in einem Medienunternehmen Tätigkeiten wie Planung, Organisation, Controlling, Mitarbeiterführung, Marketing etc. ausübt.

3. Der individuelle Zugang

Anknüpfungspunkt ist das Individuum. Als Medienmanagerin oder Medienmanager gilt, wer den überwiegenden Teil seines Einkommens aus dieser Tätigkeit erwirtschaftet und sich in der Selbstdefinition diesem Berufsfeld zuordnet, also den überwiegenden Teil seiner Arbeitszeit mit Management verbringt. Während im sogenannten kaufmännischen Bereich die Zuordnung einfacher ist, ist die Grenze zwischen Führungsaufgaben und journalistischer Arbeit im Content-Bereich, zum Beispiel in der Chefredaktion oder bei Ressortleitungen, fließend. Im Unterschied zum strukturell-institutionellen Zugang gibt es nach dieser Definition Medienmanager nicht nur in Medienunternehmen.

Definition für die vorliegende Studie

Das Medienhaus Wien setzt mit seiner Studienreihe „Journalisten-Report" seit vielen Jahren den Schwerpunkt auf empirische, praxisnahe Forschung im Bereich Journalismus und Medienunternehmen. Für die vorliegende neue Studie „Journalisten-Report IV" über Österreichs Medienmanagerinnen und Medienmanager wurden daher folgende Definitionen zu dem Begriff Medienmanagement gewählt:

- Medienmanagement ist das Management von Medienunternehmen.[1]
- Unter Management verstehen wir in handlungsorientierter Perspektive Planung (Strategie), Organisation, Controlling, Führung, Marketing in den Bereichen Beschaffung, Erstellung, Allokation und Konsum von Content.
- Management setzt Personal- oder Budgetverantwortung voraus.

---

1 Unter Medienunternehmen im engeren Sinne verstehen wir all jene Unternehmen, die Journalisten und Journalistinnen beschäftigen. Den Beruf Journalismus definieren wir nach dem „Journalisten-Report I" als hauptsächlich in der Produktion von Content angesiedelte Dienstleistung.

- Medienmanagement umfasst redaktionelles Management (Management der Content-Produktion und Distribution) und kaufmännische Aktivitäten (Management der Refinanzierung und Organisation).

Die Stichprobe und die Grundgesamtheit

Von Mai bis Juni 2012 führte Gallup/Karmasin-Motivforschung im Auftrag des Medienhaus Wien Interviews mit 131 österreichischen Medienmanagerinnen und Medienmanagern durch (siehe dazu auch Anhang). Gefragt wurde u. a. nach Arbeitsschwerpunkten und Tätigkeiten, Werdegang und Rollenselbstverständnis, aber auch nach Einschätzungen und Trends im Journalismus und in der Medienlandschaft Österreichs (Fragebogen befindet sich im Anhang, Seite 138–141).

Die Interviewpartner kommen aus allen relevanten Medienunternehmen, gemäß der Verteilung der österreichischen Journalistinnen und Journalisten auf die einzelnen Sparten (Daten basierend auf dem „Journalisten-Report I", Kaltenbrunner et al. 2007): Tageszeitungen, Wochenzeitungen und Magazine, öffentlich-rechtlicher Rundfunk[2], Privatfernsehen, privater Hörfunk, Agentur und Online. Einige Mediensparten wurden aufgrund der Marktveränderung auf- bzw. abgewertet. Für die vorliegende Studie wurde von insgesamt etwa 800 österreichischen Medienmanagerinnen und Medienmanagern ausgegangen.

Gemäß der Verteilung in der Führungsebene der Unternehmen kommen 22 % der Befragten aus dem redaktionellen Management und 88 % aus dem General Management. Unter den befragten 131 Medienmanagerinnen und Medienmanagern ist die Altersgruppe der bis 40-Jährigen mit 38,2 % die größte. 36,6 % der Befragten sind durchschnittlich 41 bis 50 Jahre alt, 25,2 % sind älter als 50 Jahre. Das Durchschnittsalter der befragten österreichischen Medienmanagerinnen und Medienmanager liegt bei 44 Jahren.

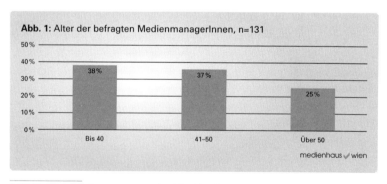

Abb. 1: Alter der befragten MedienmanagerInnen, n=131

---

2 TV, Radio und Online zusammen, da sich einige Bereiche überschneiden.

Generell ist festzustellen, dass auch unter Österreichs Medienmanagerinnen und Medienmanagern Frauen unterrepräsentiert sind. Nach der Erhebung der Grundgesamtheit sind nur rund 25 % weiblich. Medienmanagerinnen arbeiten hauptsächlich im Privatfernsehen und Privatradio, im öffentlich-rechtlichen Fernsehen oder im öffentlich-rechtlichen Radio. Ihr Arbeitsschwerpunkt liegt dabei überwiegend im Bereich des General Managements. Die wenigsten Frauen sind im Bereich der Tageszeitungen und generell in den Chefredaktionen zu finden. Die meisten männlichen Medienmanager hingegen sind im Bereich der Tageszeitungen zu finden, die wenigsten im Bereich von Privatradio bzw. Privatfernsehen.

Literatur

Albarran, Alan (1997): Management of Electronic Media. Wadsworth Pub Co. Belmont.

Albarran, Alan (1996): Media Economics – Understanding Markets, Industries and Concepts. Iowa State University Press. Ames.

Breyer-Mayländer, Thomas (2004): Einführung in das Medienmanagement: Grundlagen, Strategie, Führung, Personal. Wissenschaftsverlag. Oldenbourg.

Drumm, Hans Jürgen (2008): Personalwirtschaft. Springer. Berlin; Heidelberg.

Glotz, Peter (1998): Ferenczy: Die Erfindung des Medienmanagements. Bertelsmann. München.

Hilmer, Ludwig (2009): Medienmanagement – ein dynamisches Berufsbild. In: Altendorfer, Otto/Hilmer, Ludwig (Hg.): Medienmanagement Band 1: Methodik – Journalistik und Publizistik – Medienrecht. VS Verlag für Sozialwissenschaften. Wiesbaden.

Kaltenbrunner, Andy/Karmasin, Matthias/Kraus, Daniela/Zimmermann, Astrid (2007): Der Journalisten-Report. Österreichs Medien und ihre Macher. facultas.wuv. Wien.

Karmasin, Matthias/Winter, Carsten (Hg.) (2002): Grundlagen des Medienmanagements. UTB. Stuttgart.

Küng, Lucy (2007): Does Media Management Matter? Establishing the Scope, Rationale, and Future Research Agenda for the Discipline. In: Journal of Media Business Studies, Vol. 4(1). S. 21–39.

Scholz, Christian (2006): Einführung: Vier Probleme und ein Lösungsansatz. In: Scholz, Christian (Hg.): Handbuch Medienmanagement. Springer. Berlin; Heidelberg.

Sherman, Barry L. (1995): Telecommunications management, Broadcasting/Cable and the New technologies. 2. Auflage. McGraw-Hill Humanities. New York.

Sigler, Constanze (2010): Online-Medienmanagement: Grundlagen – Konzepte – Herausforderungen. Gabler. Wiesbaden.

Wirtz, Bernd W. (2003): Grundlagen des Medien- und Multimediamanagements. In: Wirtz, Bernd W. (Hg.): Handbuch Medien- und Multimediamanagement. Gabler. Wiesbaden.

Wirtz, Bernd W. (2011): Media and Internet Management. Gabler. Wiesbaden.

TEIL 1: MEDIENMANAGER UND MEDIENMANAGERINNEN IN ÖSTERREICH

Daniela Kraus
Wer sie sind, was sie tun und wie sie denken

Für diese Studie haben wir Medienmanagerinnen und Medienmanager aus handlungsorientierter Perspektive definiert – als jene Personen, die für Planung, Strategie, Organisation, Controlling, Führung und Marketing bei Beschaffung, Erstellung, Allokation und Konsum von Content zuständig sind (siehe Einleitung von Matthias Karmasin).

Medienmanagerinnen und Medienmanager sind damit in einer Position, in der sie – auch durch Personal- oder Budgetverantwortung – Einfluss auf die Inhalte der Medien haben. In den bisherigen Bänden der Serie „Journalisten-Report" ging es um Journalistinnen und Journalisten, um ihren Background, ihre Einstellungen und Vorstellungen. Doch ebenso relevant sind Akteure, die im redaktionellen und kaufmännischen Management von Medienunternehmen tätig sind, sowie ihre Sozialisation und ihr berufliches Selbstverständnis.

Untersuchungen stützen die Annahme, dass statistisch signifikante Zusammenhänge zwischen demografischen Merkmalen im Topmanagement und der Strategieentwicklung in Medienunternehmen bestehen.[1] Daher ist es sinnvoll, einen Blick auf die Charakteristika österreichischer Medienmanagerinnen und Medienmanager und auf ihr Rollenselbstverständnis zu werfen.

Die Aufgabenbereiche – verantwortlich für verschiedene Medien
Wir gehen davon aus, dass rund 800 Personen in Österreich im wie oben beschriebenen Berufsfeld „Medienmanagement" tätig sind. Befragt wurden daraus nach einer quotierten Stichprobe 131 Medienmanagerinnen und Medienmanager (siehe dazu Einleitung und Anhang „Methodik und Fragebogen der Studie ‚Medienmanagement in Österreich'"). Die Quotierung erfolgte repräsentativ nach Zahl der Beschäftigten in den Unternehmen (und nicht nach Auflagen, Umsatz oder anderen Kennzahlen).

---

[1] Shaver/Shaver 2006, siehe dazu auch Boone/Kurtz 1988; Chandy 1991; Hise/McDaniel 1983; Noel 1989; Gwynne 2003; Hermann/Datta 2002.

Das Durchschnittsalter der befragten 131 Medienmanagerinnen und Medienmanager liegt bei 44 Jahren. Frauen sind – wie in der Grundgesamtheit – unterrepräsentiert und machen 26 % aus.

Die Mehrheit der Befragten ist für mehrere Mediengattungen verantwortlich. Ein Großteil von ihnen arbeitet – wenn auch meist in Kombination mit anderen Kanälen – für Tageszeitungen, gefolgt von Wochenzeitungen, Online und öffentlich-rechtlichem Fernsehen.

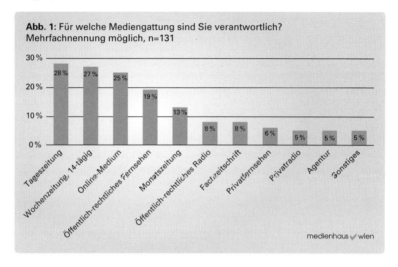

Abb. 1: Für welche Mediengattung sind Sie verantwortlich? Mehrfachnennung möglich, n=131

Nur rund 35 % geben an, ausschließlich für eine Medienart verantwortlich zu sein. Im Vergleich: Unter den Journalistinnen und Journalisten arbeiteten im Jahr 2007 noch 78 % nur für eine einzige Mediengattung (Kaltenbrunner et al. 2008: 98f.). Doch konvergentes Arbeiten wird in Redaktionen, so wie in allen Aufgabenbereichen des Managements, zunehmend Thema. Das hat Einfluss auf die Einschätzung der Arbeit von Journalisten und Journalistinnen: Im General Management wird tendenziell für immer wichtiger gehalten, dass künftig redaktionell konvergenter und enger zusammengearbeitet wird (siehe dazu auch Kapitel „Innovativ? Ja, aber" von Andy Kaltenbrunner, S. 58ff.).

Die Aufgaben im Management sind – wie in der Einleitung von Matthias Karmasin beschrieben – mannigfaltig. Die Arbeitsschwerpunkte der befragten Medienmanagerinnen und Medienmanager liegen bei 27,5 % der Befragten im Verkauf, für 22,1 % im Redaktionsmanagement, 19,8 % sind in der Geschäftsführung bzw. als Herausgeber oder Herausgeberin tätig, 19,1 % im Marketing, je 10,7 % in Personal bzw. Produktion, 6,1 % in der Technik, 3,8 % im Controlling und 3,1 % im Einkauf.

Abb. 2: Wo liegt dabei Ihr Arbeitsschwerpunkt? Mehrfachnennung möglich, n=131

Von den Befragten verfügen 80 % sowohl über Budgetverantwortung als auch über Personalverantwortung, je 10 % haben nur Budget- oder nur Personalverantwortung.

Zu Arbeitszeit und Einkommen – Vielarbeiter und Vielverdiener

Die Manager und Managerinnen österreichischer Medienunternehmen sind Vielarbeiter. Sie arbeiten durchschnittlich 53 Stunden pro Woche. Zu beobachten ist dabei ein Altersgefälle: Über 50-Jährige arbeiten im Schnitt fast 57 Wochenstunden, unter 40-Jährige mit 52 Wochenstunden um fünf Stunden weniger.

Quer über alle Altersstufen haben Redaktionsmanagerinnen und Redaktionsmanager mit rund 55 durchschnittlichen Wochenstunden eine höhere Arbeitsbelastung als jene in anderen Bereichen des Medienmanagements (53 Wochenstunden).

Im Vergleich die Daten aus der Befragung für den „Journalisten-Report II": Journalistinnen und Journalisten im Angestelltenverhältnis arbeiten im Durchschnitt 48,7 Stunden pro Woche, wobei es einen deutlichen Unterschied zwischen nicht-leitenden Journalistinnen und Journalisten (42,3 Stunden) und jenen in Leitungsfunktionen (50,7 Wochenstunden) – Ressortleitungen, Chefs und Chefinnen vom Dienst und Chefredaktionen – gibt. Es gilt: Je höher die Position in der Hierarchie, desto höher die Arbeitsbelastung. Die aktuellen Zahlen zeigen: Die Redaktionsmanager und Redaktionsmanagerinnen, also jene, die in der Redaktionshierarchie auf der höchsten Stufe stehen, arbeiten mit 55 Wochenstunden auch noch deutlich mehr als Ressortleiter und Ressortleiterinnen und CvDs.

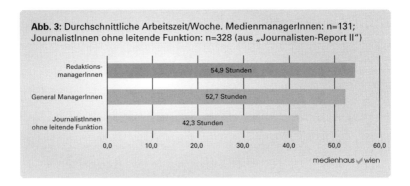

Abb. 3: Durchschnittliche Arbeitszeit/Woche. MedienmanagerInnen: n=131; JournalistInnen ohne leitende Funktion: n=328 (aus „Journalisten-Report II")

Diese Daten zeigen aber auch, dass die Medienbranche generell eine Branche der Vielarbeiter ist. Laut Ergebnissen des Mikrozensus der Statistik Austria (Arbeitskräfteerhebung 2011) arbeiten Angestellte in führenden Tätigkeiten in Österreich im Durchschnitt 40,6 Stunden pro Woche. Ähnlich viel wie Medienmanager und Medienmanagerinnen arbeiten nur Selbstständige. So haben österreichische Unternehmer und Unternehmerinnen in Betrieben mit über fünf Arbeitnehmern eine durchschnittliche Wochenarbeitszeit von 52,3 Stunden. Noch mehr (57,7 Stunden) arbeiten nur Selbstständige in Land- und Forstwirtschaft (Arbeitskräfteerhebung 2011).

Wie wird diese hohe Arbeitsbelastung vergütet? Immerhin 56 % der Befragten waren bereit, Angaben zu ihrem Einkommen zu machen. Gefragt wurde nach dem Nettoeinkommen inklusive etwaiger Provisionen und Prämien. Das mittlere Nettoeinkommen liegt bei rund 4.280 Euro. Dabei verdienen bis 40-Jährige durchschnittlich 2.840 Euro, 41- bis 50-Jährige rund 4.310 Euro und jene über 50 Jahre im Durchschnitt rund 5.570 Euro. Das Einkommen aus einer redaktionellen Managementtätigkeit ist mit einem Mittelwert von rund 4.540 Euro höher als jenes aus einer General-Management-Tätigkeit (4.200 Euro).

Das durchschnittliche Nettoeinkommen von Redaktionsmanagern und Redaktionsmanagerinnen liegt mit rund 4.540 Euro monatlich auch deutlich höher als jenes von österreichischen Journalisten und Journalistinnen.

Zum Vergleich: Bei österreichischen Journalistinnen und Journalisten, die eine Leitungs- oder Teilleitungsfunktion innehaben, lag das Netto-Durchschnittseinkommen 2008 bei 2.522 Euro, bei österreichischen Journalisten und Journalistinnen ohne Leitungsfunktion bei 2.216 Euro (Kaltenbrunner et al. 2008: 84f.). Der Journalismus bietet demnach gute Verdienstmöglichkeiten, zumindest für Angestellte auf den oberen Hie-

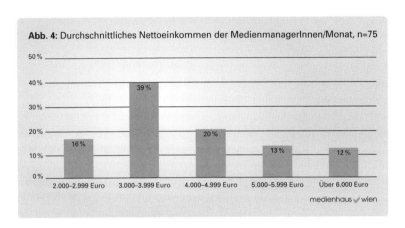

Abb. 4: Durchschnittliches Nettoeinkommen der MedienmanagerInnen/Monat, n=75

rarchieebenen: einerseits die Spitzenverdiener im Redaktionsmanagement, deren Einkommen auch deutlich über jenem leitender Angestellter anderer Branchen liegt. Dann die Journalisten und Journalistinnen in der mittleren Hierarchie mit deutlich niedrigerem Einkommen, aber dennoch weit über dem österreichischen Durchschnitt – der laut Mikrozensus der Statistik Austria (Arbeitskräfteerhebung 2011) bei 1.900 Euro netto pro Monat liegt. Dazu gibt es aber noch eine Reihe von Journalisten und Journalistinnen auf den unteren Hierarchieebenen – viele davon im Online-Bereich – sowie eine wachsende Zahl an Freien, die mit ihrem Einkommen mehr schlecht als recht über die Runden kommen.

Frauen im Medienmanagement – einsam an der Spitze

Fest steht darüber hinaus: Wie bei den Journalistinnen und Journalisten ist auch bei den Medienmanagerinnen und Medienmanagern ein Gehaltsgefälle zwischen Männern und Frauen festzustellen. Männer verdienen im Durchschnitt 4.340 Euro netto im Monat, Frauen nur 3.485 Euro. Aus der erhobenen Grundgesamtheit ergibt sich ein Frauenanteil im Medienmanagement von rund einem Viertel. Im Vergleich zu den Journalistinnen und Journalisten mit einem Frauenanteil von 42 % (vgl. Kaltenbrunner et al. 2007) ist der Anteil der Frauen im Management also niedrig. Der höchste Frauenanteil ist in unserem Sample im öffentlich-rechtlichen Fernsehen und im Privat-TV zu beobachten, der geringste in den Tageszeitungen.

Das entspricht der traditionellen Gender-Verteilung im Medienmanagement: 1977 untersuchten die US-Journalismusforscher Christine L. Ogan und David H. Weaver die Rolle von Frauen im Topmanagement von Zeitungen. Sie betitelten ihren Aufsatz „Women in Newspaper Management: A Contradiction in Terms?" (Ogan/Weaver 1979) Im Topmanagement waren damals gerade mal 2,4 % Frauen vertreten, der Prototyp eines typischen Top-Level-Managers war „ein weißer, verheirateter Protestant in seinen späten Vierzigern mit mindestens einem Kind und einem College-Abschluss" (Ogan/Weaver 1979: 45). „The future holds some promise", schlossen die Forscher. Doch die Entwicklung ist langsam: Auch bei der Wiederholung dieser Studie im Jahr 1982 war der Anteil nicht bedeutend höher (Ogan 1983), und obwohl der Anteil an Frauen in der Branche generell gestiegen war, blieb die Ungleichheit, etwa in der Bezahlung, bestehen.

Solche Befunde ziehen sich für das Management von Medienunternehmen – und ganz besonders im Printsektor – bis heute durch.[2] Egal, in welchem Land: Sogar in den nordeuropäischen Ländern, oft gelobt für ihr hohes Niveau an Geschlechtergleichheit, sind Frauen in der Medienindustrie „Lonely at the top" (Djerf-Pierre 2005). Vor allem Positionen im Topmanagement sind für Frauen auch dort schwerer zu erreichen als solche im redaktionellen Management. Ein Befund, den Djerf-Pierre beispielhaft für Schweden zieht, wäre in fortführenden Studien für Österreich zu untersuchen: Sie stellt fest, dass Frauen generell nur dann Aufstiegschancen in Medieneliten haben, wenn sie über größeres Sozialkapital verfügen – also sehr gut ausgebildet sind, Zugriff auf informelle Netzwerke oder Unterstützung von Mentoren haben, aus höheren sozialen Schichten und aus Familien, in denen die Mütter einen höheren sozialen und ökonomischen Status haben, stammen (Djerf-Pierre 2005: 268ff.).

Auch für Menschen mit Migrationshintergrund dürfte der Aufstieg in die Topetagen von Medienunternehmen ähnlich schwierig sein: Zwar haben 16 % der befragten Medienmanagerinnen und Medienmanager Migrationshintergrund (im Sinne der Definition der Statistik Austria, das heißt: Der Befragte selbst oder zumindest ein Elternteil ist im Ausland geboren). Mehr als die Hälfte davon kommt allerdings aus Deutschland und der Schweiz (57,1 %). Dabei spielt nicht nur die Sprache eine wesentliche Rolle, sondern auch die Beteiligung deutscher Konzerne wie *WAZ* oder *Gruner + Jahr* an österreichischen Medien. Nur vereinzelt sind auch Menschen mit anderen Herkunftsländern – Italien/Südtirol, Exjugoslawien, USA und Israel – im österreichischen Medienmanagement vertreten.

Ansprüche ans Management – führen, verändern, inspirieren

„Der Verleger von morgen wird mehr Manager als Journalist sein, und seine Aufgabe wird (...) mehr eine geschäftliche als eine redaktionelle sein. (...) Aber der Verleger von morgen wird einen Hintergrund als

---

2 Vgl. z. B. auch aus praxisorientierter Sicht Hemlinger 2001; Arnold/Nesbitt 2006.

Allrounder brauchen. Publizieren wird insgesamt mehr als alles andere eine Frage guten Managements sein", prophezeite James E. Pollard, Journalismusprofessor an der Ohio State University, in seinem Standardwerk zu den „Principles of Newspaper Management" – im Jahr 1937 (Pollard 1937: 433). Ein Dreivierteljahrhundert später gilt dasselbe für das Bestehen auf dem österreichischen Medienmarkt.

Nur, so sei hinzugefügt: Publizieren ist nicht nur ein Frage guten Managements, sondern auch eine Frage gelungenen Leaderships. Zahlreiche Analysen der Strategien erfolgreicher Medienunternehmen zeigen, dass eine zentrale Aufgabe des Managements die Veränderung von Geschäfts- und Organisationsstrukturen ist. Einfache Lösungen für die Herausforderungen, denen sich Medienunternehmen aktuell stellen müssen, gibt es nicht. Das wissen auch österreichische Medienmanager und Medienmanagerinnen. Die Schaffung gesellschaftlichen und demokratischen Mehrwerts werde „unter dem Eindruck eines dramatischen Medienwandels zunehmend schwieriger", leitet VÖZ-Präsident Thomas Kralinger den „Public Value Bericht" des VÖZ 2012 ein (VÖZ 2012: 3). Dass die Transformation der Medienbranche – wie jene der gesamten öffentlichen Kommunikation – noch weitergehen wird, ist sicher. Das bedeutet für Medienunternehmen, so Medienökonom Robert G. Picard, dass sie flexibler werden, sich bereitwilliger entwickeln und verändern müssen, mehr Bereitschaft und Mut zum Experimentieren benötigen. „Das wird Organisationen und ihren Mitarbeitern signifikanten kulturellen Wandel abverlangen" (Picard 2010: 377).

Besonders den Aspekt des Mitarbeitermanagements stellen verschiedene Studien in den Vordergrund. Jene Managerinnen und Manager, die „Innovation stimulieren können, lernbereit sind und Teamwork forcieren", seien besonders wichtig (Pérez López 1997: 39). „Innovation erfordert mutiges Leadership, eine klar formulierte Vision und die Stärke, den Kurs zu halten", meinen auch Harvard Innovationsguru Christensen und sein Koautor Skok (Christensen/Skok 2012: 20). Die beiden betonen, dass sich Medienmanagerinnen und Medienmanager vor allem mit neuen Bedürfnissen des Publikums, neuen Kanälen der Informationsübermittlung und Personal- und Strukturmanagement beschäftigen werden müssen, um erfolgreich zu sein. Auch eine Untersuchung der Erfolgsunternehmen *HBO*, *BBC News Online* und Pixar zeigt, so die Medienökonomin Lucy Küng, dass zwei Kernkompetenzen für Medienmanagerinnen und Medienmanager ausschlaggebend seien: In allen erfolgreichen Beispielen, so Küng, sei die enge Verbindung von Leadership und Kreativität ausschlaggebend. Besonders wichtig sei es erstens, dass Führungskräfte eine einfache, erreichbare und inspirierende Vision entwickeln und kommunizieren könnten, und dass sie, zweitens, eine Organisationsarchitektur, die Kreativität ermöglicht, durchsetzen könnten (Küng 2004: 76f.). Außerdem benötigen sie eine außerordentlich hohe Frustrationsschwelle, denn: „The processes of rethinking and recreating news organizations will at times be frustrating, disorienting and ridden with angst" (Picard 2010: 378).

Ausbildung und Berufserfahrung – von der Uni in die Medien

Kreativ, visionär und innovativ, dazu pragmatisch und mit dickem Fell – so soll die moderne Führungskraft im Medienmanagement sein. Österreichs Medienmacher und Medienmacherinnen wollen sich dieser Herausforderung stellen und „nicht tatenlos zusehen, sondern aktiv gestalten", so Eugen Russ, Geschäftsführer von *Russmedia* (VÖZ 2012: 181). Aber wie sind sie dafür gerüstet?

Zusammenfassend lässt sich feststellen: Sie schöpfen aus akademischem Wissen und viel Medienerfahrung. Die Akademisierungsrate im Medienmanagement liegt in Österreich deutlich über jener im Journalismus. Von den Journalistinnen und Journalisten hat nur rund ein Drittel einen Hochschulabschluss, bei den Medienmanagerinnen und Medienmanagern sind es 52 %: 32 % sind Magister oder Diplomingenieure, knapp 18 % haben ein Doktoratsstudium abgeschlossen, 2 % verfügen über einen Bachelorabschluss.

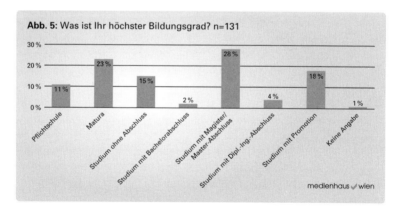

Abb. 5: Was ist Ihr höchster Bildungsgrad? n=131

29 % derjenigen, die studiert haben, haben sich für das Fach Betriebswirtschaft entschieden. Sie bilden die größte Gruppe, gefolgt von 21 %, die Publizistik- und Kommunikationswissenschaften studiert haben. Mit je 12 bzw. 13 % liegen Rechtswissenschaften, Germanistik und Politikwissenschaften nahezu gleichauf.

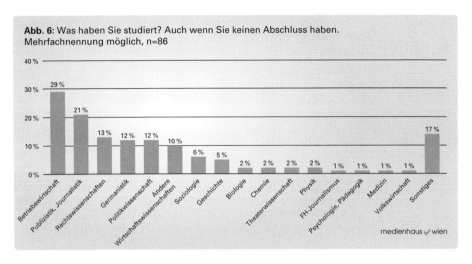

Abb. 6: Was haben Sie studiert? Auch wenn Sie keinen Abschluss haben. Mehrfachnennung möglich, n=86

Auffällig ist unter Österreichs Medienmanagerinnen und Medienmanagern nicht nur die hohe Akademisierungsrate, sondern auch ihre langjährige Erfahrung in Medienunternehmen. Im Durchschnitt arbeiten sie seit 17 Jahren in der Medienbranche. Im Detail: 28 % verfügen über bis zu zehn Jahre Erfahrung in der Medienbranche, 33 % zwischen 11 und 20 Jahren, 31 % zwischen 21 und 30 Jahren und 8 % sogar länger. Quereinsteiger aus anderen Branchen direkt in das Management eines Medienunternehmens sind, so lässt sich aus den Daten schließen, eher die Ausnahme denn die Regel.

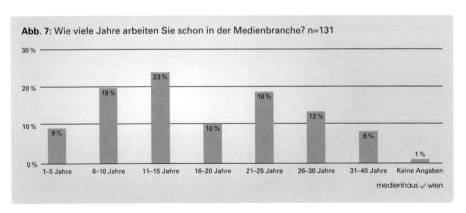

Abb. 7: Wie viele Jahre arbeiten Sie schon in der Medienbranche? n=131

So positiv das in Bezug auf Erfahrung, Vernetzung, Branchenkenntnis wohl ist, sehen manche Forscher gerade die lange Erfahrung und damit einschlägige Sozialisierung als Innovationshemmer: Heute tätige Medienmanagerinnen und Medienmanager, so die These des Medienökonomen Robert G. Picard, wurden in einer „Goldenen Zeit" der Medienindustrie sozialisiert, in der begrenzte Konkurrenz, großzügige Lizenzgebühren und enorme Zunahme der Werbeeinnahmen ungewöhnlich hohe Wachstumsraten ermöglichten – und seien daher nicht für die Anforderungen ökonomisch schwierigerer Wendezeiten gerüstet (Picard 2010: 373f.). Die Zahlen zeigen: Auch österreichische Medienmanager und Medienmanagerinnen sind zumeist in einer Zeit in die Branche gekommen, als Marktanteile noch solide unter österreichischen Medienunternehmen verteilt waren. Als gerade mal die ersten Online-Ausgaben entwickelt wurden, erste E-Mails verschickt wurden. Und als globale Konkurrenz von Apple, *Google*, *Facebook* noch nicht denkbar war.

Bei der Frage nach den Branchen, in denen die Befragten zuvor tätig waren, geben 32 % an, vorher in keiner anderen Branche tätig gewesen zu sein, also in einem Beruf im Medienbereich ihre Karriere begonnen zu haben. Unter jenen, die zuvor andere Branchenerfahrung gesammelt haben, waren 18 % in der Wirtschaft, 15 % im Marketing und 13 % in der PR, wobei Befragte im redaktionellen Management zuvor eher in Politik oder PR tätig waren, jene im General Management in der Wirtschaft oder im Marketing.

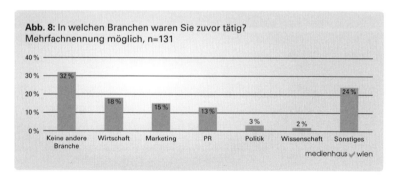

Abb. 8: In welchen Branchen waren Sie zuvor tätig?
Mehrfachnennung möglich, n=131

Zwei Karrierewege sind für Medienmanager und Medienmanagerinnen somit typisch: Entweder kommen sie aus dem Journalismus und mit speziellem publizistischen Interesse, vorbereitet durch ein Studium der Publizistik oder ressortspezifischer Fächer, und steigen in die Führungsetage auf. Oder sie sammeln nach einem ökonomischen Studium Managementerfahrung in ganz anderen Unternehmen und wechseln dann in eine Topposition in der Medienbranche. Diese unterschiedlichen Sozialisationen führen zu unterschiedlichen Kulturen im Management und bieten reichlich Potenzial zu Auseinandersetzung und Diskussion zwischen Publizisten und und Betriebswirten.

Unterschiedliche Zugänge zu Journalismus – oder worum es eigentlich geht

Veränderungen in Medienökonomie, -technik und -rezeption zwingen dazu, fundamentale Fragen über die Rolle von Medienunternehmen in der Gesellschaft zu stellen. „Wir müssen auch darüber nachdenken, ob die großen Medienunternehmungen, die sich im neunzehnten und zwanzigsten Jahrhundert entwickelt haben, um die Bedürfnisse der Massengesellschaft zu erfüllen, im einzundzwanzigsten Jahrhundert noch die beste Art sind, um der Gesellschaft zu dienen" (Picard 2010: 377).

Ein genauer Blick auf Medienunternehmen zeigt, dass die Schuld für viele Probleme – wie schrumpfende Marktanteile, sinkende Auflagen, Prestigeverlust – allzu gerne einfach den Neuen Medien und der rasanten technischen Entwicklung zugeschoben wird, denen die traditionellen Medien machtlos ausgeliefert seien. Gerne wird dabei übersehen, dass es dem eigenen Unternehmen an Fähigkeit zur Erneuerung und zur Entwicklung von Innovation mangelt. Nur wo Bereitschaft und Fähigkeit zur Anpassung an sich wandelnde Umwelten vorhanden sind, gelingt dies auch (vgl. Sánchez-Tabernero 2004; Christensen/Skok 2012). „Unternehmen brauchen Führungskräfte mit ausreichend Mut, Widerstände gegen Veränderung zu überwinden" (Bennis/Nanus 1997) – und das bedeutet, Risiken einzugehen und „andere Leute aus ihrer Komfortzone zu bringen" (Sánchez-Tabernero 2004: 31).

Bei der Gestaltung der Zukunft von traditionellen Medienunternehmen sowie neuer Funktionsformen von Journalismus und Öffentlichkeit nehmen Medienmanagerinnen und Medienmanager eine wesentliche Rolle ein. Sie beeinflussen nicht nur Individuen, die ihrem Management unterliegen, sondern die gesamte Unternehmens- und Redaktionskultur (Powers 2006: 13) und damit die Zukunft öffentlicher Kommunikation. Deshalb ist es aufschlussreich zu wissen: Was sehen nun Österreichs Medienmanagerinnen und Medienmanager als Aufgaben des Journalismus, und was sind die Unterschiede zu den Einstellungen und zum professionellen Selbstverständnis der Journalistinnen und Journalisten? Gefragt wurden die Medienmanagerinnen und Medienmanager, was ihrer Ansicht nach die Aufgaben von Journalismus seien. Zu 15 verschiedenen Aussagen konnte auf einer fünfteiligen Skala Zustimmung von „voll und ganz" bis „überhaupt nicht" gegeben werden. Um einen Vergleich mit den Journalistinnen und Journalisten in Österreich zu ermöglichen, wurde auf die Items des „Journalisten-Report II" zurückgegriffen, der wiederum als deutsche Referenzstudie jene von Weischenberg/Malik/ Scholl (2006: 97–119) zum Vorbild genommen hatte. Formuliert wurden drei Fragenblöcke: Der erste bezog sich auf die Zustimmung zum Berufsrollenbild des objektiven, präzisen und schnellen Informationsjournalisten – und zwar in sachlicher, zeitlicher und sozialer Dimension. Der zweite Schwerpunkt lag auf einem Selbstverständnis, das Kritik, Kontrolle und anwaltschaftliches Eintreten für Benachteiligte in den Vordergrund stellt, und der dritte auf jenem Journalismusverständnis, das Service, Interpretationsangebote und Orientierungshilfe sowie Unterhaltung betont. In bisherigen Untersuchungen hatten sich diese Fragen bewährt, um Selbst- und Rollenbilder und Überschneidungen zu charakterisieren und Veränderungen über die Jahre hinweg erkennen zu können.

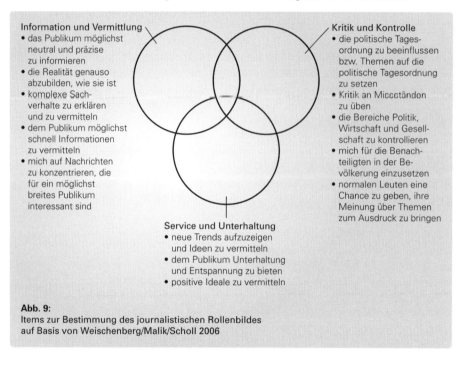

Information und Vermittlung
- das Publikum möglichst neutral und präzise zu informieren
- die Realität genauso abzubilden, wie sie ist
- komplexe Sachverhalte zu erklären und zu vermitteln
- dem Publikum möglichst schnell Informationen zu vermitteln
- mich auf Nachrichten zu konzentrieren, die für ein möglichst breites Publikum interessant sind

Kritik und Kontrolle
- die politische Tagesordnung zu beeinflussen bzw. Themen auf die politische Tagesordnung zu setzen
- Kritik an Missständen zu üben
- die Bereiche Politik, Wirtschaft und Gesellschaft zu kontrollieren
- mich für die Benachteiligten in der Bevölkerung einzusetzen
- normalen Leuten eine Chance zu geben, ihre Meinung über Themen zum Ausdruck zu bringen

Service und Unterhaltung
- neue Trends aufzuzeigen und Ideen zu vermitteln
- dem Publikum Unterhaltung und Entspannung zu bieten
- positive Ideale zu vermitteln

Abb. 9:
Items zur Bestimmung des journalistischen Rollenbildes auf Basis von Weischenberg/Malik/Scholl 2006

Die Zustimmung oder Ablehnung zu diesen möglichen gesellschaftlichen Aufgaben von Journalismus zeigt, was Österreichs Medienmanagerinnen und Medienmanager von ihrem Kerngeschäft denken. Die Bedeutung der Kritikfunktion wird bei der Frage nach den Aufgaben von Journalismus von Österreichs Medienmanagerinnen und Medienmanagern am höchsten eingeschätzt. 93 % der Befragten stimmen „voll und ganz" oder „überwiegend" zu, dass die „Kritik an Missständen" eine (sehr) wichtige Aufgabe des Journalismus sei, an zweiter Stelle steht mit 93 % der Anspruch, „das Publikum möglichst neutral und präzise zu informieren", und 89 % stimmen zu, dass „komplexe Sachverhalte zu erklären und zu vermitteln" Auftrag des Journalismus sei.

„Das Publikum möglichst schnell" zu informieren und „neue Trends aufzuzeigen" (83 % bzw. 82 % Zustimmung) sowie „die Realität genauso abzubilden, wie sie ist" (77 %) gelten einem Großteil von Österreichs Medienmanagerinnen und Medienmanagern ebenfalls als (sehr) wichtige Funktionen des Journalismus.

„Als Ratgeber dienen" (68 %), „sich für die Benachteiligten in der Bevölkerung einsetzen" (65 %) und „normalen Leuten eine Chance zu geben, ihre Meinungen (...) zum Ausdruck zu bringen" (64 %) und „positive Ideale vermitteln" (60 %) bilden einen dritten Block, über den bereits geringerer Konsens besteht.

Auf die niedrigste Zustimmung stoßen „Unterhaltung und Entspannung" (52 % stimmen zu), „auf Nachrichten konzentrieren, die für ein

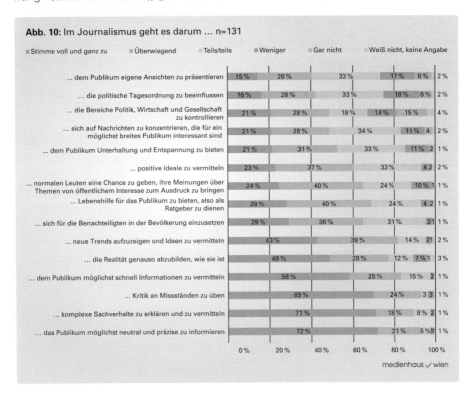

Abb. 10: Im Journalismus geht es darum ... n=131

■ Stimme voll und ganz zu   ■ Überwiegend   ■ Teils/teils   ■ Weniger   ■ Gar nicht   Weiß nicht, keine Angabe

	Stimme voll und ganz zu	Überwiegend	Teils/teils	Weniger	Gar nicht	Weiß nicht, keine Angabe
... dem Publikum eigene Ansichten zu präsentieren	15 %	26 %	33 %	17 %	8 %	2 %
... die politische Tagesordnung zu beeinflussen	16 %	26 %	33 %	18 %	6 %	2 %
... die Bereiche Politik, Wirtschaft und Gesellschaft zu kontrollieren	21 %	28 %	18 %	14 %	15 %	4 %
... sich auf Nachrichten zu konzentrieren, die für ein möglichst breites Publikum interessant sind	21 %	28 %	34 %	11 %	4	2 %
... dem Publikum Unterhaltung und Entspannung zu bieten	21 %	31 %	33 %	11 %	2	1 %
... positive Ideale zu vermitteln	23 %	37 %	33 %	4	2	2 %
... normalen Leuten eine Chance zu geben, ihre Meinungen über Themen von öffentlichem Interesse zum Ausdruck zu bringen	24 %	40 %	24 %	10 %	1	1 %
... Lebenshilfe für das Publikum zu bieten, also als Ratgeber zu dienen	28 %	40 %	24 %	4	2	1 %
... sich für die Benachteiligten in der Bevölkerung einzusetzen	29 %	36 %	31 %	3	1	1 %
... neue Trends aufzuzeigen und Ideen zu vermitteln	43 %	39 %	14 %	2	1	2 %
... die Realität genauso abzubilden, wie sie ist	49 %	28 %	12 %	7 %	1	3 %
... dem Publikum möglichst schnell Informationen zu vermitteln	58 %	25 %	15 %	2		1 %
... Kritik an Missständen zu üben	69 %	24 %	3	3		1 %
... komplexe Sachverhalte zu erklären und zu vermitteln	71 %	18 %	8 %	2		1 %
... das Publikum möglichst neutral und präzise zu informieren	72 %	21 %	5 %	1		1 %

0 %   20 %   40 %   60 %   80 %   100 %

medienhaus ✔ wien

möglichst breites Publikum interessant sind" (49 %) und „die Bereiche Politik, Wirtschaft und Gesellschaft zu kontrollieren" (ebenfalls 49 %) sowie „die politische Tagesordnung zu beeinflussen" (42 %).

Die berufliche Sozialisation macht dabei in einigen Punkten einen Unterschied: Zwar herrscht hinsichtlich der Einstellungen zu Journalismus zwischen Redaktions- und General Management bei den höchst gerankten Items Einigkeit. In einigen Punkten gibt es jedoch auffällige Unterschiede: So ist etwa die Zustimmung zur Aufgabe des Journalismus, „dem Publikum Unterhaltung und Entspannung zu bieten", beim General Management mit 55 % Zustimmung deutlich höher als im Redaktionsmanagement mit 45 % Zustimmung. Ebenso stimmen Befragte aus dem Redaktionsmanagement in geringerem Ausmaß zu, dass es Aufgabe des Journalismus sei, „die politische Tagesordnung zu beeinflussen" – nur 31 % aus dem Redaktionsmanagement, aber 45 % aus dem General Management stimmen zu. Andererseits herrscht unter redaktionell tätigen Managern deutlich höhere Zustimmung, dass Journalismus sich auf Nachrichten für ein „möglichst breites Publikum" konzentrieren soll, als unter jenen, die in anderen Managementfeldern tätig sind.

Im General Management Tätige neigen demnach eher zu einer zielgruppenfokussierten und unterhaltenden sowie politisch aktiveren Rolle von Journalismus. Redaktionsmanager hingegen sind deutlich vorsichtiger bei allen Items, die auf Einflussnahme und Agenda-Setting abzielen: Sie scheinen sich stärker dem Paradigma eines ausgewogenen Journalismus verpflichtet zu fühlen.

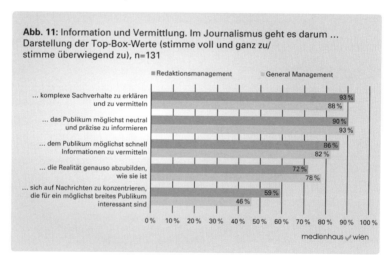

Abb. 11: Information und Vermittlung. Im Journalismus geht es darum ... Darstellung der Top-Box-Werte (stimme voll und ganz zu/ stimme überwiegend zu), n=131

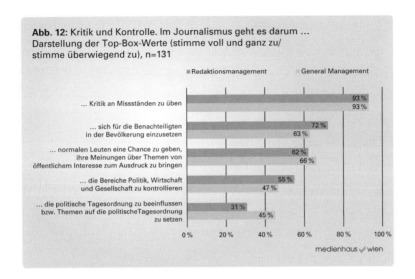

Abb. 12: Kritik und Kontrolle. Im Journalismus geht es darum …
Darstellung der Top-Box-Werte (stimme voll und ganz zu/
stimme überwiegend zu), n=131

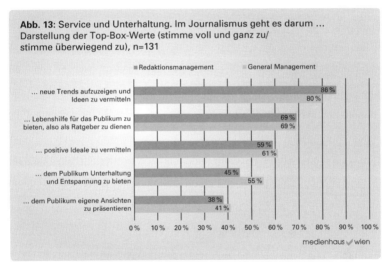

Abb. 13: Service und Unterhaltung. Im Journalismus geht es darum …
Darstellung der Top-Box-Werte (stimme voll und ganz zu/
stimme überwiegend zu), n=131

Auch zwischen den unterschiedlichen Altersgruppen lassen sich differenzierte Ansichten in Bezug auf Aufgaben des Journalismus feststellen. Vor allem scheinen Jüngere tendenziell stärker serviceorientiert zu sein: Unter 40-Jährige stimmen deutlich stärker den Items „als Ratgeber dienen" sowie „Unterhaltung und Entspannung bieten" zu; über 50-Jährige wiederum geben deutlich höhere Zustimmung zur Aufgabe, „die Bereiche Politik, Wirtschaft und Gesellschaft zu kontrollieren".

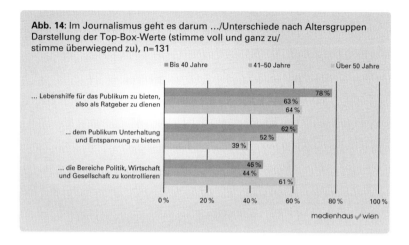

Abb. 14: Im Journalismus geht es darum …/Unterschiede nach Altersgruppen
Darstellung der Top-Box-Werte (stimme voll und ganz zu/
stimme überwiegend zu), n=131

■ Bis 40 Jahre ■ 41–50 Jahre ■ Über 50 Jahre

… Lebenshilfe für das Publikum zu bieten, also als Ratgeber zu dienen: 78 %, 63 %, 64 %

… dem Publikum Unterhaltung und Entspannung zu bieten: 62 %, 52 %, 39 %

… die Bereiche Politik, Wirtschaft und Gesellschaft zu kontrollieren: 46 %, 44 %, 61 %

0 % 20 % 40 % 60 % 80 % 100 %

medienhaus ✔ wien

Betrachtet man die Aussagen nach jeweiliger Mediengattung lassen sich, bei aller Vorsicht, die ein kleines Sample gebietet, unterschiedliche Trends feststellen: So ist den Medienmanagerinnen und Medienmanagern im Agenturbereich Geschwindigkeit besonders wichtig, ihren Kollegen in TV und Radio hingegen ist – wohl auch wegen der Dominanz des öffentlich-rechtlichen Rundfunks – das Selbstbild der Neutralität besonders wichtig.

Für Journalistinnen und Journalisten in Österreich haben wir im Band II des „Journalisten-Report" festgestellt, dass sie sich vor allem dem Selbstverständnis des „objektiven Vermittlers" verpflichtet fühlen. Beim Vergleich von Journalisten und Journalistinnen mit Medienmanagern und Medienmanagerinnen zeigen sich zwei Unterschiede, die sich auch schon im Vergleich zwischen General- und Redaktionsmanagement angedeutet haben:

Medienmanagements halten es für wichtiger als Redaktionen,

- „dem Publikum möglichst schnell Informationen zu übermitteln" und
- „Lebenshilfe für das Publikum zu bieten, also Ratgeber zu sein".

Das hat wohl mit einer stärkeren Publikums- und Serviceorientierung, die auch ökonomisch Erfolg versprechend scheint, zu tun.

Doch auch einem zweiten Bereich geben Medienmanagements deutlich mehr Bedeutung, als es Journalistinnen und Journalisten tun, und zwar halten sie es für wichtiger,

- „Kritik an Missständen zu üben",
- „die Bereiche Politik, Wirtschaft und Gesellschaft zu kontrollieren" und

- „die politische Tagesordnung zu beeinflussen"
- „normalen Leuten eine Chance geben, ihre Meinungen (...) zum Ausdruck zu bringen".

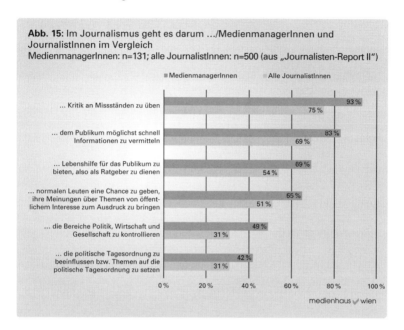

Abb. 15: Im Journalismus geht es darum .../MedienmanagerInnen und JournalistInnen im Vergleich
MedienmanagerInnen: n=131; alle JournalistInnen: n=500 (aus „Journalisten-Report II")

Damit herrscht bei allen Items, die dem Rollenbild „Kritik und Kontrolle" zugeordnet werden können, unter Medienmanagerinnen und Medienmanagern höhere Zustimmung als unter Journalistinnen und Journalisten. Eine vorsichtige Interpretation führt zu dem Schluss, dass es den Topmanagements mehr um die Relevanz und den Einfluss des eigenen Unternehmens geht als den Mitarbeitern und Mitarbeiterinnen in der Redaktion. Dieser Anspruch, das eigene Unternehmen im Spiel der Mächte möglichst gut zu positionieren, spiegelt sich durchgängig in der Einschätzung von Journalismus durch Medienmanager und Medienmanagerinnen wider.

Literatur

Arnold, Mary/Nesbitt, Mary (2006): Women in Media 2006. Media Management Center at Northwestern University.

Arnold Hemlinger, Mary (2001): Women in Newspapers. How Much Progress Has Been Made? Media Management Center at Northwestern University.

Bennis, Warren G./Nanus, Bert (1997): Leaders: Strategies for Taking Charge. Harper Business. New York.

Boone, Louis E./Kurtz David L. (1988): CEOs: A Group Profile. Business Horizons, Vol. 31. S. 38–42.

Chandy, P. (1991): Chief Executive Officers: Their Backgrounds and Predictions for the 90s. Business Forum, Winter. S. 18–19.

Christensen, Clayton M./Skok, David/Allworth, James (2012): Breaking News. Mastering the art of disruptive innovation in journalism. In: Nieman Reports, Fall, Vol. 66(3). S. 6–20.

Djerf-Pierre, Monika (2005): Lonely at the top. Gendered media elites in Sweden. In: Journalism, Vol. 6(3). S. 265–290.

Gwynne, Peter (2003): How CEO Characteristics Affect R & D Spending. MIT Sloan Management Review, Vol. 44(2). S. 14.

Hermann, Pol/Datta, Deepak K. (2002): CEO Successor Characteristics and the Choice of Foreign Market Entry Mode: An Empirical Study. In: Journal of International Business Studies, Vol. 33(3). S. 551–570.

Hise, Richard/McDaniel, Stephen (1983): CEOs' Views on Strategy: A Survey. In: The Journal of Business Strategy, Vol. 4(3). S. 79–86

Kaltenbrunner, Andy/Karmasin, Matthias/Kraus, Daniela/Zimmermann, Astrid (2007): Der Journalisten-Report. Österreichs Medien und ihre Macher. facultas.wuv. Wien.

Kaltenbrunner, Andy/Karmasin, Matthias/Kraus, Daniela/Zimmermann, Astrid (2008): Der Journalisten-Report II. Österreichs Medienmacher und ihre Motive. facultas.wuv. Wien.

Küng, Lucy (2004): What Makes Media Firms Tick? Exploring the Hidden Drivers of Firm Performance. In: Robert G. Picard (Hg.): Strategic Responses to Media Market Changes. Media Management and Transformation Centre Jönköping International Business School. Jönköping. S. 65–82.

Noel, Alain (1989): Strategic Cores and Management Obsessions: Discovering Strategy Formation through Daily Activities of CEOs. In: Strategic Management Journal, Vol. 10. S. 33–49.

Ogan, Christine L./Weaver, David (1979): Women in Newspaper Management: A Contradition in Terms? In: Newspaper Research Journal, Spring. S. 42–53.

Ogan, Christine L. (1983): Life at the Top for Men and Women Newspaper Managers: A Five-Year Update of Their Characteristics. In: Newspaper Research Journal, Winter, Vol. 5(2). S, 57–68.

Pérez López, Juan Antonio (1997): Liderazgo. Folio. Barcelona.

Picard, Robert G. (2010): The future of the news industry. In: James Curran (Hg.): Media and Society. Bloomsbury Academic. London. S. 365–379.

Pollard, James E. (1937): Principles of Newspaper Management. Mc-Graw-Hill Book Company. New York; London.

Powers, Angela (2006): An Exploratory Study of the Impact of Leadership Behavior on Levels 11 of News Convergence and Job Satisfaction. In: Küng, Lucy (Hg.): Leadership in the Media Industry Changing Contexts, Emerging Challenges. Jönköping International Business School. Jönköping. S. 11–29.

Sánchez-Tabernero, Alfonso (2004): The Future of Media Companies: Strategies for an Unpredictable World. In: Picard, Robert G. (Hg.): Strategic Responses to Media Market Changes. Media Management and Transformation Centre Jönköping International Business School. Jönköping. S. 93–106.

Shaver, Dan/Shaver, Mary Alice (2006): Credentials, Strategy and Style: The Relationship between Leadership Characteristics and Strategic Direction in Media Companies. In: Küng, Lucy (Hg.): Leadership in the Media Industry Changing Contexts, Emerging Challenges. Jönköping International Business School. Jönköping. S. 123–136.

Weischenberg, Siegfried/Malik, Maja/Scholl, Armin (2006): Die Souffleure der Mediengesellschaft. Report über die Journalisten in Deutschland. UVK. Konstanz.

Trend-Analyse: Nikolaus Koller
Diversity – die neue Vielfalt im Medienmanagement

„Entscheidungsfreudig, cool, reich, hat alles im Griff (inklusive Handy), aggressiv, durchsetzungskräftig, mächtig, Arbeitsessen in schicken Restaurants, um die halbe Welt jettend, lebensbejahend, energisch, sprachgewandt, kommunikativ, autonom usw. usf." – das sind gemeinhin jene Attribute, die im Zusammenhang mit dem Begriff Manager genannt werden (vgl. Mayrhofer/Von Eckhardstein/Kaspar 1999: 225). So weit weg ist diese Job-Description auch für Medienmanagerinnen und Medienmanager nicht. Sie sind in einem sich schnell wechselnden Umfeld tätig – „Coolness" ist dabei sicherlich angesagt. Insbesondere, wenn man die Veränderungen betrachtet, welche jene etwa 800 Führungskräfte in Österreich, die – so Daniela Kraus im vorangegangenen Kapitel – „für Planung, Strategie, Organisation, Controlling, Führung und Marketing bei Beschaffung, Erstellung, Allokation und Konsum von Content zuständig sind", erwarten.

„Medien waren einmal etwas Besonderes, Publizieren war ein Privileg (…). So könnte jede moderne Mediengeschichte beginnen." Die Strahlkraft der Branche schwindet, wie Matthias Karmasin beschreibt (2005: 102). Jede moderne Medienmanagergeschichte würde aber auch vom permanenten Wandel handeln. Dieser hat bereits begonnen, das bestätigen auch die Umfragedaten zur vorliegenden Studie, die Daniela Kraus im vorigen Kapitel analysiert hat: Multimediales Arbeiten – was unter Journalistinnen und Journalisten vielerorts noch eher als exotisch angesehen wird – ist unter den Managern und Managerinnen der Medienunternehmen bereits weit verbreitet: Lediglich rund 35 % geben in der Umfrage für den „Journalisten-Report" an, nur für eine Medienart zuständig zu sein. Die Mehrheit lebt diese Bi- oder Trimedialität hingegen bereits. In einem Verlag als Geschäftsführer für den Online- und Print-Anzeigenverkauf zuständig zu sein, ist sicherlich aber nur der erste Schritt in eine neue, diverse Arbeitswelt.

Medienmanagement: Ein „closed shop"

Wir erinnern uns: Den Umfragedaten im vorigen Kapitel zufolge arbeiten die heimischen Medienmanagerinnen und Medienmanager im Durchschnitt seit 17 Jahren in der Branche. Etwa jeder Dritte bringt bis zu zehn Jahren Erfahrung ein, ein weiteres Drittel ist schon über ein Jahrzehnt in der Branche tätig. Drei von zehn Führungskräften sind zwischen 21 und 30 Jahren im Mediengeschäft tätig. In Summe also ein ziemlicher „closed shop": Die Jobdurchlässigkeit in und aus anderen Bereichen ist kaum gegeben.

Das wird sich ändern: Managerinnen und Manager aus anderen Bereichen werden in den Sektor drängen und sich somit in direkte Konkurrenz zu den bereits etablierten Führungskräften stellen. Quereinsteiger sind in vielen anderen Bereichen bereits üblich, so spezialisiert kann der Markt gar nicht sein. Der Durchbruch der gläsernen Decke – was schon lange vorausgesagt wird, nimmt nun Gestalt an. Das Schlüsselwort, weshalb der Managermarkt sich stark drehen wird, lautet TIME-Konvergenz. „Die Konvergenz der Branchen ‚Telecommunication', ‚Information', ‚Media', ‚Entertainment' (TIME) verändert die Entwicklungs-, Wettbewerbs- und Managementrealität im Umfeld dieser Branchen grundlegend." So klar beschreibt Carsten Winter (2005: 13) die Veränderungen im Medienmarkt, die sehr wohl auch das Medienmanagement betreffen: Erstens, so argumentiert Winter (14f.), weil dadurch keine Grenzen von Märkten mehr zugelassen werden. Zweitens würden im Zuge dieser Entwicklung auch die „Flows" von u. a. Kapital und Daten stärker werden und drittens die Integration dieser Welten zu einer neuen Offenheit führen. „Die neue, potenzierte Zahl möglicher verschiedener Partner verändert Management erheblich", argumentiert er (16).

Neue „Karriere-Must-haves"

So wie die Zusammenarbeit zwischen verschiedenen Branchen zunimmt, steigt auch der „Austausch" an Managerinnen und Managern. Dieser Trend wird alle Ebenen durchziehen: Das beginnt bei Bereichsleitern, führt über die „Sandwich-Manager" der mittleren Ebene bis in die obersten Führungsetagen. Warum sollte man nicht in seiner Karriere für den Content-Bereich der App eines Mobilfunkanbieters zuständig sein, später für eine digitale Unit in einem Medienhaus arbeiten und danach eine Topmanagement-Funktion in der Unterhaltungsbranche übernehmen?

Als ein weiteres Argument für die steigende Durchlässigkeit in die Branche kann die Internationalisierung der Branche angeführt werden: Die Konzerne, die in diesem neuen Markt tätig sind, agieren über die Grenzen eines Landes hinweg. So sehr Journalismus mit Sprache zu tun hat und journalistischen Laufbahnen linguistische Grenzen gesetzt sind, so wenig wird Sprache ein Hemmnis für internationale Karrieren sein. Die Bedeutung hervorragender Englischkenntnisse als „Karriere-Must-have" haben auch die Ausbilder des Managementnachwuchses längst erkannt und bereiten ihre Talente darauf vor: Die internationale Ausrichtung der Curricula sowie fremdsprachige Lehrveranstaltungen sind Teil der verschiedenen Lehrpläne in Medienmanagementausbildungen – darauf wird an späterer Stelle noch eingegangen werden.

Darüber hinaus treiben allgemeine Trends, wie auch Martin Gläser (2010: 268ff.) schreibt, die Branche und mit ihr ihre Führungskräfte: So sieht er einerseits eine Ökonomisierung und Kommerzialisierung der Medien sowie andererseits gesellschaftliche Entwicklungen, welche den Sektor verändern. Dabei nennt Gläser (2010: 263ff.) vor allem den steigenden Wohlstand der Bevölkerung bei gleichzeitiger Polarisierung der Einkommens- und Vermögensunterschiede, die Internationalisierung, den volkswirtschaftlichen Strukturwandel, Sättigungserscheinungen auf allen Märkten, eine stärkere Virtualisierung, Veränderungen bei den Arbeitsbedingungen sowie eine fortschreitende Konzentration der angebotsseitigen Marktmacht.

Als wäre das nicht schon Veränderung genug, steuern wir auf eine Arbeitswelt hin, in welcher „Brüche" – in diesem Zusammenhang spricht man nun auch vom „Patchwork-Lebenslauf", der sich aus den unterschiedlichsten Elementen aus verschiedenen Phasen einer Berufslaufbahn zusammensetzt – die Regel und nicht mehr die Ausnahme bilden. War es bei den Altvorderen noch durchaus üblich, sein berufliches Leben bei einem Arbeitgeber zu werken, so sind mehrmalige Wechsel innerhalb einer Branche schon heute alltäglich. In Zukunft werden wir alle im Laufe unseres Berufslebens nicht nur den Arbeitgeber, sondern auch die Branche wechseln. Um- und Ausstiege aus klassischen Karrieren inklusive.

Managerinnen, sie kommen

Und ja, es werden auch und vor allem Managerinnen sein, welche in die Branche drängen: Zwar sind die Vorstandsebenen in vielen Sektoren – und wie Kraus eindrücklich im vorigen Kapitel geschrieben hat, insbesondere in den Medienhäusern – noch stark männlich dominiert, dies wird sich allerdings ändern. Oder besser gesagt ändern müssen. Denn der internationale Wettbewerb sowie die demografische Entwicklung, wonach immer weniger Talente auf den Arbeitsmarkt kommen, als durch Pensionierung ihn verlassen, wird es notwendig machen, dass Unternehmen all ihre Potenziale ausschöpfen müssen. Dazu gehören insbesondere jene ihrer weiblichen Mitarbeiterinnen und Führungskräfte. Der ökonomische Leidensdruck wird so groß werden, dass es zu dieser Entwicklung kommen muss. Es geht ums Geld: Wer niemanden hat, der für einen arbeitet, macht auch keinen Profit. Die Demografie wird die gläserne Decke sprengen. Darüber sind sich Karrierefachleute aus vielen Ländern einig.

Dasselbe gilt auch für Managerinnen und Manager mit Migrationshintergrund. Deren Anteil wird aus den oben genannten Gründen stark steigen. In Personalistenkreisen wird über Diversität am Arbeitsplatz schon lange gesprochen – und immer mehr Unternehmen setzen sich damit auseinander, weil sie zu einer wirtschaftlichen Notwendigkeit geworden ist. Wer ausreichend fachlich qualifizierte Mitarbeiterinnen und Mitarbeiter benötigt, der muss sich als attraktiver Arbeitgeber positionieren. Wer diese – vor allem auch den weiblichen Teil der Belegschaft – halten will, der muss Karriere- und Entwicklungsmöglichkeiten bieten.

Diversität, die guttut

Die Diversität wird den Medien guttun: Diverse Führungsetagen wirken sich positiv auf Kreativität und Produktvielfalt aus. Neue Wege im Management führen zu neuen Problemlösungen in der Umsetzung. Organisationen gewinnen dadurch an Arbeitgeberattraktivität und ziehen jene Talente – sowohl journalistisch wie auch im Managementbereich – an, die genau in einem solchen Umfeld arbeiten wollen. Meist handelt es sich bei diesen offenen Menschen auch um die begabtesten.

Diversität verändert allerdings nicht die Prioritäten in der Organisation: die Sendung, das Portal, die Zeitung – das Produkt steht weiterhin im Mittelpunkt der gesamten Organisation. Denn gemäß des in der Betriebswirtschaft allseits bekannten Konsistenzansatzes von Mintzberg – den „Mintzberg Fives" – werden Medienunternehmen den „Profiorganisationen" zugerechnet werden (Kasper/Heimerl/Mühlbacher 2002: 68ff.). In diesen steht der sogenannte „betriebliche Kern", das Produkt, im Zentrum. Dies klingt logisch, ist allerdings nicht in allen Organisationsformen, die Mintzberg aufzählt, der Fall. Im Gegensatz zur Profiorganisation steht beispielsweise die Spartenstruktur, bei der die Mittellinie dominiert. Diese Organisationsform ist u. a. auf Universitäten, welche über starke Institute verfügen, zu finden. Für das Management bedeutet diese Produktfokussierung von Medienunternehmen vor allem, dass ein direktes Führungsverhalten akzeptiert wird. Karrieren in diesen Organisationen folgen stark der fachlichen Qualifikation. Profiorganisationen sind vor allem in sich stark verändernden Umfeldern erfolgreich.

Was heißt dies nun für die Karrieren von Medienmanagerinnen und Medienmanagern? Welche Anforderungen benötigen sie? Dass sie sich für diese Entwicklungen rüsten müssen, steht außer Zweifel: In dieser Folge wird es zu einem weiteren Anstieg der Akademisierungsrate im Medienmanagement kommen. Laut der für diese Studie durchgeführten Umfrage verfügt etwa jeder zweite Medienmanager über einen Hochschulabschluss. Etwa jeder Dritte davon ist Betriebswirt. Danach folgen die Absolventinnen und Absolventen eines Studiums aus dem Bereich Publizistik- und Kommunikationswissenschaften. So wie in fast allen anderen Managementfunktionen ein akademischer Grad quasi die Eintrittskarte für die Aufnahme darstellt, wird dies in Medienunternehmen ebenfalls immer stärker Usus werden. Auch wenn sich einige wenige Bereiche wie Sales, wo ein Studienabschluss nicht immer verlangt wird, nur langsam verändern werden.

Medienmanager oder Betriebswirte?

In den „einschlägigen" Medienmanagementlehrgängen ist eine Art Kanon an Fächern zu beobachten. Ich habe dazu überblicksartig die Curricula der Fachhochschule (FH) St. Pölten, der FHWien der WKW und der Donau-Universität Krems respektive deren aktuelle Angebote angesehen[1]. Dieser Einblick erhebt keinen Anspruch auf Vollständigkeit, ist aber dennoch aussagekräftig. Denn wie ein roter Faden lässt sich bei den Lehrplänen Folgendes herauslesen: Es zeigt sich, dass in fast allen Curricula auf breite betriebswirtschaftliche Kenntnisse großer Wert gelegt wird. Darüber hinaus stehen der Spracherwerb sowie ein internationaler Zugang zu medienrelevanten Lehrveranstaltungen im Zentrum. Daneben gibt es Möglichkeiten zur Spezialisierung auf verschiedene Fachgebiete sowie die Auseinandersetzung mit neuen Entwicklungen am Medienmarkt. Rechtliche Einführungen und Lehrveranstaltungen zu ethischen Fragestellungen sind ebenso zu finden. Sind die Institute damit gut gerüstet? Und vielmehr: Sind angehende Berufseinsteiger und Berufseinsteigerinnen mit diesem Set an Skills ausreichend vorbereitet? Solange eine Branche noch so stark in sich geschlossen ist, sind Erfahrungen in dem Sektor natürlich ein Vorteil. Mittelfristig wird sich dies allerdings ändern. Die Frage muss gestellt werden: Ist ein mittelmäßiger Betriebswirt mit fundierten Kenntnissen im Medienbereich besser einsetzbar als ein guter BWL-Absolvent der Wirtschaftsuniversität Wien, der Medien bislang nur konsumiert hat? Das hängt von der Qualität der Lehre ab. Wie man dieser Argumentation aber entnehmen kann, wird die Beschäftigungsfähigkeit – die heutzutage öfter mit ihrem englischen Synonym als „Employability" bezeichnet wird – für solche Betriebs-Kommunikationswirte zurückgehen. Die Zahl jener Positionen, welche Fachkenntnisse, die sich nur auf den Medienbereich beschränken, erfordern, wird in einer TIME-Bran-

---

1 Curricula Donau-Universität Krems: http://www.donauuni.ac.at/de/studium/interactivemediamanagement/index.php
Curricula Fachhochschule St. Pölten: http://www.fhstp.ac.at/studienangebot/bachelor/mm, http://www.fhstp.ac.at/studienangebot/master/mm, http://www.fhstp.ac.at/weiterbildung/mbamediamanagement
Fachhochschule Wien: http://www.fhwien.ac.at/journalismus-medienmanagement/bachelor-studium/studium/

che sinken. Mit reinem General Medienmanagement wird man wohl den Kürzeren ziehen.

Parallel dazu gewinnen technische Skills natürlich an Bedeutung. Manager werden nicht selbst programmieren oder technische Endgeräte entwerfen müssen: Mit zunehmender Digitalisierung ist jedoch eine gewisse „Dolmetschfunktion" zwischen technischen Notwendig- und Möglichkeiten sowie betriebswirtschaftlichen Herausforderungen wichtig. Diese Kommunikationsfähigkeiten werden auch in diversen Teams wichtiger: Wer Probleme hat, auf andere Menschen zuzugehen, wird in einer diversen und sich schnell wandelnden Welt keine Chance haben.

Viel wichtiger wird jedoch, schon sehr früh seinen eigenen USP (Unique Selling Proposition) herauszuarbeiten: Eine „Ich-AG" – ein Schlagwort der frühen 2000er-Jahre – ist damit nicht gemeint. Es geht darum, eine (Medien-)Persönlichkeit zu entwickeln, die neben einer klaren fachlichen Ausrichtung ein Set an „Soft Skills" mitbringt. Fachliche Expertise ist notwendig, weil noch immer das Produkt – siehe Mintzberg – im Zentrum steht. Darüber hinaus werden eben persönliche Faktoren an Bedeutung gewinnen, welche für ein Zusammen- und berufliches Überleben in dieser schnellen und divesen Umgebung benötigt werden. Flexibilität, Einfühlungsvermögen, Kommunikationsstärke, aber auch die Fähigkeit, auf andere eingehen zu können, sind hier ebenso gefragt wie Zielorientierung, Fokussierung auf das Wesentliche und ein effizienter Arbeitsstil. Fähigkeiten wie diese bieten eine Antwort auf Wandel und Diversität. Wie gut angehende und auch aktuelle Führungskräfte auf diese Anforderungen vorbereitet sind, muss wohl von anderen beurteilt werden.

Unabhängig davon gilt: Dieses Set gilt nicht nur für männliche und weibliche Berufseinsteiger, sondern auch für jene, die in der Branche Karriere machen wollen. Egal, ob sie schon bei einem Medienunternehmen arbeiten oder ob es sie als Quereinsteiger in die Branche zieht. Und ganz wichtig: Dazu ist angesichts der Krise, in welcher sich die Medienbranche derzeit befindet, sicherlich die eingangs erwähnte „Coolness" angebracht. Ob sie damit auch reich werden, steht allerdings auf einem anderen Blatt.

Literatur

Curricula Donau-Universität Krems: http://www.donauuni.ac.at/de/studium/interactivemediamanagement/index.php

Curricula Fachhochschule St. Pölten: http://www.fhstp.ac.at/studienangebot/bachelor/mm, http://www.fhstp.ac.at/studienangebot/master/mm, http://www.fhstp.ac.at/weiterbildung/mbamediamanagement

Curricula Fachhochschule Wien: http://www.fhwien.ac.at/journalismus-medienmanagement/bachelor-studium/studium/

Gläser, Martin (2010): Medienmanagement. 3. Auflage. Verlag Franz Vahlen. München.

Karmasin, Matthias (2005): Paradoxien der Medien. Über die Widersprüche technisch erzeugter Möglichkeiten. WUV. Wien.

Kasper, Helmut/Heimerl, Peter/Mühlbacher, Jürgen (2002): Strukturale und prozessorientierte Organisationsformen. In: Kaspar, Herber/Wolfgang, Mayrhofer (2002): Personalmanagement – Führung – Organisation. 3. Auflage. Linde Verlag. Wien.

Mayrhofer, Wolfgang/Von Eckhardstein, Dudo/Kaspar, Helmut (1999): Management – drei klassische Konzepte und ihre Befunde. In: Mayrhofer, Wolfgang/Von Eckhardstein, Dudo/Kaspar, Helmut (1999): Management: Theorien – Führung – Veränderung. Poeschel Schäffer. Stuttgart. S. 221–256.

Winter, Carsten (2005): TIME-Konvergenz als Herausforderung für Management und Medienentwicklung – Einleitung. In: Karmasin, Matthias/Winter, Carsten (Hg.): Konvergenzmanagement und Medienwirtschaft. Wilhelm Fink Verlag. München. S. 13–54.

International: Christopher Buschow und Carsten Winter
Auf dem Weg zu einer transnationalen Medienmanagement-Forschung

Medienmanagerinnen und Medienmanager besitzen maßgeblichen Einfluss auf die Produktion, Verteilung und Nutzung medialer Kommunikation, etwa indem sie über die basalen Ziele von Medienorganisationen entscheiden. Während das journalistische Berufsfeld vergleichsweise gut erforscht ist, mangelte es im deutschsprachigen Raum bislang an aktuellen empirischen Studien zum Führungspersonal in Medienunternehmen (für ältere Erkenntnisse vgl. Ludwig 1999; Riehl-Heyse 1995; Vogel 1999; Vogel/Dorn 1997; die Beiträge in Schulz 1999). Dabei hatte schon Leo Bogart in seinem programmatischen Artikel aus dem Jahr 1973 die wesentlichen Forschungsdesiderate aufgezeigt:

„What do we want to know about the people who run the media? First of all, it is important to understand who they are and to what extent they can be characterized, or at least typologized, medium by medium. What distinguishes an innovator or an impresario from a corporate bureaucrat? How do media managers define their personal goals and objectives and those of the enterprises they run? In what ways do they believe that their own definitions are different from those they ascribe to their peers and competitors? What are media managers' sources of general information? What are their political beliefs, social prejudices, patterns of personal association, outside civic and business interests, private assets, and personal media habits?" (Bogart 1973: 580)

Die hier erstmals vorgelegten Erkenntnisse des österreichischen Forschungsteams sind damit für die europa- und weltweit vergleichende Erforschung von Medienmanagerinnen und Medienmanagern bedeutsam. Im Zuge der zunehmenden Forderung nach einer grenzüberschreitenden Erforschung von Medienmanagement (vgl. Altmeppen/Karmasin/von Rimscha 2012) stellen sie unseres Erachtens jedoch nur einen ersten wichtigen Schritt dar. Transnationale Forschung ist aufgefordert, zukünftig Gemeinsamkeiten und Unterschiede auch auf der Akteursebene von Medienmanagerinnen und Medienmanagern offenzulegen. Am Institut für Journalistik und Kommunikationsforschung (IJK) der Hochschule für Musik, Theater und Medien Hannover haben wir daher eine Replikation der österreichischen Studie in Deutschland durchgeführt.[2] Jedoch sind die Ausgangsbedingungen, die eine solche Forschung in verschiedenen Ländern vorfindet, sehr unterschiedlich. Für den deutschen Medienmarkt gilt etwa, dass er eine weitaus größere Zahl an Medienunternehmungen umfasst und vor allem im Bereich des privaten Rundfunks viel stärker fragmentiert ist. Während in Österreich ca. 800 Medienmanagerinnen und Medienmanager gezählt werden, vermuten wir für Deutschland – ohne abschließende Angaben treffen zu können – eine Grundgesamtheit von mindestens 10.000 Personen, für die weder ein Berufsverband existiert noch ein anderer Ort, über den man sie zentral erfassen könnte.

Im Folgenden kommentieren wir einen Teil der Erkenntnisse der österreichischen Studie vor dem Hintergrund unserer eigenen Forschungsergebnisse.

Methodisches Vorgehen

Methodisch haben wir uns an dem Vorgehen der österreichischen Kollegen orientiert (zu diesem Abschnitt vgl. Anhang zur Methodik bei der Datenerhebung in Österreich). Im Zeitraum 02. Juli 2012 bis 10. Oktober 2012 wurden von gesondert geschulten Studierenden des IJK insgesamt 189 computerbasierte Telefoninterviews (CATI) mit deutschen Medienmanagerinnen und Medienmanagern geführt. Der Fragebogen war an das österreichische Erhebungsinstrument angelehnt. Medienmanagerinnen und Medienmanager wurden definiert als Führungspersonen mit Budget- und/oder Personalverantwortung innerhalb von Medienunternehmen. Medienunternehmen bestimmten wir als solche privatwirtschaftliche und öffentlich-rechtliche Organisationen, die eine journalistische Leistungserstellung – in der Regel mithilfe einer Redaktion – erbringen.

Im Rahmen der Stichprobenziehung konnten zunächst 1447 der Definition entsprechende Medienunternehmen mit Geschäftssitz in Deutschland identifiziert werden, die einer der acht Branchen Zeitungen, Zeitschriften, öffentlich-rechtliche/private Radio- und Fernsehsender, Online-Medien und Nachrichtenagenturen zugeordnet waren.[3] Anschließend wurden hieraus mittels einer proportional geschichteten Zufallsstichprobe 346 Unternehmen gezogen. Die Schichtung der Unternehmensstichprobe

---

2 Dabei haben uns Jenny Bebber, Julian Beck, Sohal Fakhri, Lucas Golombek, Christopher Huck, Jana Karau, Andrea Knieke, Celia Krietsch, Kathrin Manke, Nicolas May, Pia Mogg, Susanne Nestler, Semhar Ogbazion, Kristin Ostermeyer, Sascha Ponikelsky, Steffen Riske, Katrin Rulle, Laura Schomaker, Johanna Schröder, Mareike Schwepe, Luisa Stubmann und Marcus Torke unterstützt, denen wir an dieser Stelle herzlich danken möchten.

3 Folgende Quellen wurden erfasst, um die Grundgesamtheit der Medienunternehmen zu bestimmen: Zeitungen: Zeitungsstichtagssammlung (Schütz 2005; in Vorbereitung); Zeitschriften: VDZ-Mitglieder (VDZ 2012), Radio/Fernsehen: ALM (2011); Online-Medien: AGOF (2012), IVW (2012), Alexa (2012); Nachrichtenagenturen: Hoppenstedt (2012).

erfolgte auf Basis der Branchenverteilung der Journalisten und Journalistinnen in Deutschland (vgl. Weischenberg/Malik/Scholl 2006). Für diese Unternehmen konnten sodann die der Definition entsprechenden Manager und Managerinnen recherchiert werden[4], aus welchen 2098 Personen im Zuge einer geschichteten Zufallsauswahl zur Befragung ausgewählt wurden (Schichtung: 20 % aus Redaktionsmanagement; 80 % aus General Management). Die in die Personenstichprobe gezogenen Medienmanagerinnen und Medienmanager wurden in zwei Wellen, im Juni und im August 2012, kontaktiert. Hierzu wurden Einladungen zur Teilnahme an der CATI-Befragung postalisch an alle Medienmanagerinnen und Medienmanager verschickt, zwei Wochen später folgte jeweils eine schriftliche Erinnerung mit der nochmaligen Bitte um Teilnahme. Die Ausschöpfungsquote lag bei 9 % (n=189).

Aufgrund der durch Ausfälle entstandenen Verzerrungen wurde eine Nachgewichtung (Redressement) notwendig, die eine datenanalytische Anpassung der Stichprobe an die Grundgesamtheit ermöglicht (vgl. Diekmann 2006). Zur Quotierung der Stichprobe wurden die beiden Referenzmerkmale „Branchenverteilung" (vgl. Weischenberg et al. 2006) und „Verhältnis Redaktionsmanagement (RM) zu Generalmanagement (GM)" herangezogen. Obwohl durch die Gewichtung eine rechnerische Angleichung der Stichprobe an die Grundgesamtheit erreicht werden konnte, können die dargestellten Ergebnisse nur bedingt als strukturelles Abbild der Medienmanagerinnen und Medienmanager in den unterschiedlichen Branchen in Deutschland betrachtet werden (vgl. zur Kritik am Redressement Diekmann 2006; Schnell/Hill/Esser 2005).

In Anlehnung an die deskriptiven Erkenntnisse aus Österreich präsentieren wir nun die Daten aus dem deutschen Forschungsprojekt.

Gemeinsamkeiten und Unterschiede: Soziodemografie, Arbeitszeit, Einkommen, Aufgabenspektrum, Qualifizierung, Einsatzorte im Vergleich

Die von uns befragten Medienmanagerinnen und Medienmanager sind mit durchschnittlich 48 Jahren etwas älter als der österreichische Altersschnitt (44 Jahre). Maßgeblichen Anteil hieran hat der öffentlich-rechtliche Rundfunk, für den unsere Ergebnisse einen deutlich höheren Altersdurchschnitt von über 50 Jahren ausweisen. Frauen in Führungspositionen sind – genau wie in Österreich und auch über alle Branchen in Deutschland – deutlich unterrepräsentiert: Nur 20 % der Teilnehmer un-

---

4 Folgende Quellen wurden erfasst, um die Grundgesamtheit in den ausgewählten Unternehmen zu bestimmen: Hoppenstedt (2012), ZIMPEL (2012), STAMM (2012), Handelsregister, Impressum der Website (Stand jeweils Mai 2012).

serer Befragung sind weiblich. Im Journalismus haben es Frauen dagegen vergleichsweise leichter: Der übergreifende Anteil weiblicher Mitarbeiter beträgt in Deutschland 37 % (vgl. Weischenberg et al. 2006: 45) und in Führungspositionen des redaktionellen Managements (RM) sind in unserer Untersuchung signifikant mehr Frauen vertreten (29 %). Einen Migrationshintergrund haben 2 % der Befragten. Im Gegensatz zu Österreich, wo der Zuzug von Deutschen insbesondere durch die Einrichtung lokaler Dependancen deutscher Medienunternehmen getrieben wird, ist das Gegenteil nur selten der Fall: Österreichische oder Schweizer Medienunternehmen expandieren heute nur vereinzelt in die Bundesrepublik. Daher fällt auch der Anteil von Medienmanagerinnen und Medienmanagern aus dem deutschsprachigen Ausland – und auch darüber hinaus – in unserer Untersuchung sehr gering aus.

In der realen Arbeitszeit zeigt sich eine vollständige Übereinstimmung zwischen den von uns befragten Medienmanagerinnen und Medienmanagern und ihren österreichischen Kolleginnen und Kollegen. Die deutschen Führungskräfte arbeiten nach eigenen Angaben mit durchschnittlich 53 Stunden pro Woche sehr viel mehr als der typische Deutsche (40,7 Stunden laut Eurostat Pressestelle 2012).

Die Einkommen der bundesdeutschen Medienmanagerinnen und Medienmanager unterscheiden sich dagegen deutlich von den Gehältern, die in Österreich gezahlt werden. Während der Nettoverdienst in Österreich rund 4.300 Euro beträgt, sind es in Deutschland über 5.600 Euro pro Monat. Medienmanagerinnen und Medienmanager bei Zeitungsverlagen verdienen durchschnittlich am meisten, Unterschiede zwischen öffentlich-rechtlichen und privatwirtschaftlichen Organisationen gibt es kaum. Insgesamt haben wir in Deutschland weniger Verweigerung im Antwortverhalten auf diese Frage feststellen können (28 %) als in Österreich (40 %). Obwohl rechtliche Vorgaben (beispielsweise der Aktiengesellschaft, die nur ein Gesamtvorstandsgehalt ausweist) die Offenlegung teils verhinderten, kommuniziert man in Deutschland sein Einkommen tendenziell transparenter.

Tab. 1: Top-5-Arbeitsschwerpunkte in Deutschland und in Österreich im Vergleich

Deutschland		Österreich	
Aufgabenschwerpunkt	in %	Aufgabenschwerpunkt	in %
1 Geschäftsführung o. Herausgeber	31	1 Verkauf	27
2 Verkauf	24	2 Redaktion	22
3 Redaktion	20	3 Geschäftsführung o. Herausgeber	20
4 Marketing	15	4 Marketing	19
5 Planung und Strategie	9	5 Personal	11

Quelle: Eigene Darstellung; Nennungen in %, Mehrfachnennung möglich

Das Aufgabenspektrum der befragten Medienmanagerinnen und Medienmanager in Deutschland gleicht der österreichischen Verteilung (vgl. Tab. 1). Jedoch zeigt sich, dass an der Befragung in Deutschland mehr Geschäftsführer/Herausgeber teilgenommen haben, entsprechend vor allem die „Entscheider" in den Unternehmen von unserer Befragung erreicht wurden. Ein interessantes Detail, das die Konvergenz von Jobprofilen, die in der österreichischen Studie vermutet wird, stützt: Über 40 % unserer Befragten erledigen neben einer weiteren Tätigkeit auch Online-Aufgaben.

Die befragten Medienmanagerinnen und Medienmanager sind „alte Hasen" im Geschäft: Im Durchschnitt sind sie 14 Jahre in ihrem derzeitigen Medienunternehmen beschäftigt. Am treuesten sind sie dem öffentlich-rechtlichen Fernsehen. Generell beobachten wir in öffentlich-rechtlichen Organisationen eine signifikant längere Unternehmenszugehörigkeit als in der Privatwirtschaft.

60 % unserer Befragten haben nie in einer anderen Branche als den Medien gearbeitet. In Österreich sind es nur 32 %. Das zeigt, wie traditionsverbunden die deutschen Medienunternehmen weiterhin ihr Personalmanagement betreiben – mit all den oft skizzierten Folgen für ihre Innovationsleistungen (vgl. exempl. Buschow/Winter/Dürrenberg 2011). Viel häufiger als in Deutschland haben österreichische Medienmanagerinnen und Medienmanager bereits Erfahrungen in PR (Ö: 13 %, DE: 1 %) oder Marketing (Ö: 15 %, D: 3 %) sammeln können. Sie haben vorher auch weitaus öfter in anderen Branchen gearbeitet. Die Alpenrepublik scheint damit deutlich durchlässiger in ihren Managementstrukturen, auch wenn bereits die Kollegen folgern, Quereinsteiger seien in Führungspositionen „eher die Ausnahme" (vgl. Kapitel „Wer sie sind, was sie tun und wie sie denken" von Daniela Kraus).

Das scheint auch für das Studium zu gelten: Zwar dominieren in beiden Ländern wirtschaftswissenschaftliche Studiengänge – in Managementfunktionen klassischerweise keine Überraschung –, jedoch haben erstaunlich viele der befragten Führungskräfte einen akademischen Abschluss im Feld der Publizistik oder Journalistik erworben. Sie sind also keine Quereinsteiger, sondern haben sich bereits während ihres Studiums intensiv mit Medien befasst. Mit 88 % haben fast alle befragten Medienmanagerinnen und Medienmanager studiert, in Österreich sind es nur 52 % der Befragten. Hier zeigt sich ein gegenüber Österreich deutlich höheres Bildungsniveau im Medienmanagement.

Tab. 2: Top-4-Studiengänge in Deutschland und in Österreich im Vergleich

Deutschland (n=168)		Österreich (n=86)	
Studiengang	in %	Studiengang	in %
1 Betriebswirtschaft	25	1 Betriebswirtschaft	29
2 Publizistik, Journalistik	16	2 Publizistik, Journalistik	21
3 Geschichte	10	3 Rechtswissenschaften	13
4 Germanistik	9	4 Germanistik	12

Quelle: Eigene Darstellung; Nennungen in %

Ein weiterer Unterschied findet sich auch in der lokalen Verortung der Medienmanagerinnen und Medienmanager, mit der bestimmte geografische „Hot Spots" (Anheier/Isar 2008: 404) identifiziert werden können, die als Medienstandorte für eine Volkswirtschaft hohe Bedeutung besitzen. Abb. 1 zeigt jedoch, dass in Deutschland eine stärker periphere, durch den Föderalismus geprägte Struktur vorliegt, die ohne solche Ballungszentren auskommt. Zu den am meisten genannten Medienstandorten zählen demnach Nordrhein-Westfalen, Baden-Württemberg, Bayern und Niedersachsen. Die österreichischen Ergebnisse zeigen dagegen eine deutliche Hauptstadtzentrierung: Fast 60 % der Medienmanagerinnen und Medienmanager arbeiten in Wien und Umgebung. Hier war freilich wenig anderes zu erwarten, ist Österreich von seiner Ausdehnung her doch eher mit einem großen deutschen Bundesland vergleichbar, in welchem Medienorganisationen in den politischen Zentren angesiedelt sein dürften.

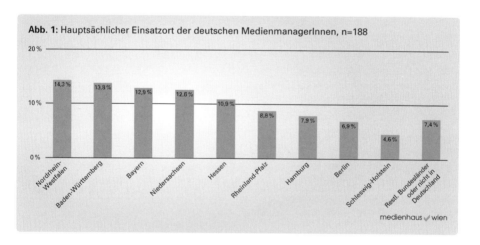

Abb. 1: Hauptsächlicher Einsatzort der deutschen MedienmanagerInnen, n=188

Ausblick: Auf dem Weg zu einer transnationalen Erforschung von Medienmanagement

Die hier verglichenen, deskriptiven Ergebnisse zeigen erstaunlich viele Gemeinsamkeiten der österreichischen und deutschen Medienmanagerinnen und Medienmanager im Hinblick auf Soziodemografie und Arbeitskonfigurationen. In beiden Ländern scheint die Medienbranche ihre Führungskräfte eine gesamte Karriere über zu fesseln: Sie haben vielmals medienbezogene Studiengänge absolviert, wechseln selten bis nie den Arbeitgeber und haben zu einem großen Teil ausschließlich für Medienunternehmen oder angrenzende Branchen gearbeitet. Aufgezeigt werden konnten aber auch einige zentrale Unterschiede: So scheint es für österreichische Medienmanagerinnen und Medienmanager schwieriger, sich in der deutschen Medienwirtschaft zu positionieren, viel öfter kommen Deutsche nach Österreich. Weiters verdienen Medienmanagerinnen und -manager in Österreich vermutlich weniger, auch wenn in der Befragung in Deutschland mehr Entscheider des Topmanagements erreicht wurden. Da die Medienlandschaft in Österreich stark auf den „Hot Spot" Wien fokussiert ist, befindet sich hier ihr geografischer Wirkungsraum. Diese Zentralisierung dürfte ein Grund dafür sein, dass die Branche insgesamt durchlässiger für Einsteiger aus benachbarten Feldern wie PR oder Marketing ist, die ja ebenso primär in Wien sitzen.

Einige der von Leo Bogart aufgeworfenen Fragen konnten wir in diesem Beitrag komparativ betrachten und beantworten. Selbst wenn hier datenanalytisch lediglich Tendenzaussagen möglich sind, zeigt sich doch: Transnationale Forschung im Medienmanagement ist ein fruchtbares, erkenntnisgenerierendes Betätigungsfeld, das Unterschiede und Regelmäßigkeiten zwischen den Managementstrukturen verschiedener Ländern herausarbeiten kann. Eine solche Erforschung von Medienmanagerinnen und Medienmanagern als maßgebliche Entscheider in Medienunternehmen sollte in Zukunft stärker zurückgreifen auf empirische Studien branchenübergreifender Art (vgl. exempl. Buß 2007; Rust 2009; Windolf 2003), angrenzender Branchen (vgl. exempl. für Kulturmanagement Winter/Buschow 2011), auf Ansätze der Elitenforschung (vgl. exempl. Hoffmann-Lange 1987; ebd. 1992 für die Mannheimer Elitestudie von 1981), auf Ergebnisse der Management-Cognition-Research (vgl. exempl. Wrona/Breuer 2009) oder auf praxisorientierte Managementreports (vgl. exempl. IBM 2012). Ziel sollte es unseres Erachtens u.a. sein, länderübergreifende Typologien von Medienmanagern und Medienmanagerinnen zu entwerfen (vgl. etwa die Ansätze bei Ludwig 1999). Sodann wären wir auf dem Weg zu einer profunden transnationalen Medienmanagementforschung – die hier verglichenen Studien sind ein wichtiger Schritt in diese Richtung.

Literatur

AGOF – Arbeitsgemeinschaft Online Forschung e.V. (Hg.) (2012): Angebotsranking Mai 2012.

Alexa – The Web Information Company (Hg.) (2012): The top 500 sites on the web. http://www.alexa.com/topsites (Stand: 04.05. 2012).

ALM – Arbeitsgemeinschaft der Landesmedienanstalten (Hg.) (2011): Jahrbuch 2010/2011. Landesmedienanstalten und privater Rundfunk in Deutschland. http://www.die-medienanstalten.de/fileadmin/Download/Publikationen/ALM-Jahrbuch/Jahrbuch_2011/Jahrbuch_der_Medienanstalten_2011.pdf (Stand: 04.05. 2012).

Altmeppen, Klaus Dieter/Karmasin, Matthias/von Rimscha, Björn (2012): Die Ökonomie grenzüberschreitender Kommunikation. Ein Beitrag zum Verhältnis von Marktstrukturen und Medienmanagement. In: Medien und Kommunikationswissenschaft Sonderband 2. Grenzüberschreitende Medienkommunikation. S. 40–59.

Anheier, Helmut K./Isar, Yudhishthir Raj (2008): Cultures and Globalization: The Cultural Economy. Sage. London et al.

Bogart, Leo (1973): The Management Of Mass Media: An Agenda For Research. Public Opinion Quarterly, Vol. 37(4). S. 580.

Buschow, Christopher/Dürrenberg, Catherina/Winter, Carsten (2011): Change Management in Tageszeitungsredaktionen. In: Wolling, Jens/Will, Andreas /Schumann, Christina (Hg.): Medieninnovationen. Wie Medienentwicklungen die Kommunikation in der Gesellschaft verändern. UVK. Konstanz. S. 195–210.

Buß, Eugen (2007): Die deutschen Spitzenmanager. Oldenbourg. München; Wien.

Diekmann, Andreas (2006): Empirische Sozialforschung. Grundlagen, Methoden, Anwendungen. 17. Auflage. Rowohlt. Reinbek.

Eurostat Pressestelle (Hg.) (2012): Arbeitskräfteerhebung. Fast 70 % der Erwerbstätigen in der EU27 arbeiteten 2011 im Dienstleistungsbereich. Von 43 % in Rumänien bis 85 % in Luxemburg. http://europa.eu/rapid/press-release_STAT-12-142_de.htm (Stand: 01.05. 2013).

Hoffmann-Lange, Ursula (1987): Surveying national elites in the Federal Republic of Germany. In: Moyser, George/Wagstaffe, Margaret (Hg.): Research Methods for Elite Studies. Allen & Unwin. London. S. 27–47.

Hoffmann-Lange, Ursula (1992): Eliten, Macht und Konflikt in der Bundesrepublik. Leske + Budrich. Opladen.

Hoppenstedt Firmeninformationen GmbH (Hg.) (2012): Firmendatenbank Stand Mai 2012. http://hoppenstedt-hochschuldatenbank.de (Stand: 04.05. 2012).

IBM (Hg.) (2012): Leading Through Connections – Insights from the IBM Global CEO Study. http://www-935.ibm.com/services/us/en/c-suite/ceostudy2012 (Stand: 05.04. 2013).

IVW – Informationsgemeinschaft zur Feststellung der Verbreitung von Werbeträgern e.V. (Hg.) (2012): IVW Online Nutzungsdaten 05-2012. http://ausweisung.ivw-online.de/ (Stand: 04.05. 2012).

Ludwig, Johannes (1999): Medienunternehmer zwischen Kunst und Kommerz. In: Schulz, Günther (Hg.): Geschäft mit Wort und Meinung. Medienunternehmer seit dem 18. Jahrhundert. Büdinger Forschungen zur Sozialgeschichte. Oldenbourg. München. S. 23–56.

Riehl-Heyse, Herbert (Hg.) (1995): Götterdämmerung. Die Herren der öffentlichen Meinung. Siedler. Berlin.

Rust, Holger (2009): Die „Dritte Kultur" im Management. VS Verlag. Wiesbaden.

Schnell, Rainer/Hill, Paul B./Esser, Elke (2005): Methoden der empirischen Sozialforschung. 6. Auflage. Oldenbourg. München.

Schütz, Walter J. (2005): Zeitungen in Deutschland. Verlage und ihr publizistisches Angebot 1949–2004. Vistas. Berlin.

Schütz, Walter J. et al. (2013/in Vorbereitung). Zeitungsstichtagssammlung 2012. Forschungsprojekt am IJK. Hannover.

STAMM Verlag GmbH (Hg.) (2012): STAMM: Leitfaden durch Presse und Werbung. Verzeichnis und Beschreibung periodischer Publikationen, Rundfunkanstalten und Werbemöglichkeiten in Deutschland. STAMM. Essen.

VDZ – Verband Deutscher Zeitschriftenverleger (Hg.) (2012): VDZ Mitgliederdatenbank. http://www.vdz.de/ueber-den-vdz-mitgliedschaft-mitgliederdatenbank/?letter=Alle (Stand: 04.05. 2012).

Vogel, Andreas (1999): Verleger der populären Presse in der Bundesrepublik. In Schulz, Günther (Hg.): Geschäft mit Wort und Meinung. Medienunternehmer seit dem 18. Jahrhundert. Büdinger Forschungen zur Sozialgeschichte. Oldenbourg. München. S. 275–290.

Vogel, Andreas/Dorn, Margit (1997): Die Manager der populären Presse. Reinhard Fischer. München.

Weischenberg, Siegfried/Malik, Maja/Scholl, Armin (2006): Die Souffleure der Mediengesellschaft. Report über die Journalisten in Deutschland. UVK. Konstanz.

Windolf, Paul (2003): Sind Manager Unternehmer? Deutsche und britische Manager im Vergleich. In: Hradil, Stefan/Imbusch, Peter (Hg.): Oberschichten – Eliten – Herrschende Klassen. Leske + Budrich. Opladen. S. 299–336.

Winter, Carsten/Buschow, Christopher (2011): Veränderungen und Tendenzen im Personalmarkt für Kulturmanager. Ergebnisse einer Analyse des Stellenmarkts von Kulturmanagement Network. In: Kulturpolitische Mitteilungen (KuMi), Vol. 34(132). S. 67–69.

Wrona, Thomas/Breuer, Maren (2009): Die Analyse von Gruppenkognitionen im Rahmen der kognitiven Strategieforschung. In: Scherer, Andreas G./Kaufmann, Ina/Patzer, Moritz (Hg.): Methoden in der Betriebswirtschaftlehre. Tagungsband der Kommission Wissenschaftstheorie 2008. Gabler. Wiesbaden. S. 71–96.

ZIMPEL Online (Hg.) (2012): Mediendatenbank. https://www.zimpel-online.de/zimpel/login.do (Stand: 04.05. 2012).

TEIL 2: MEDIENMANAGEMENT UND INNOVATION

Andy Kaltenbrunner
Innovativ? Ja, aber.
Die unterschiedliche Bereitschaft zu Veränderung

Der Herausgeber des *Falter*, Armin Thurnher, ist einer der wenigen konsequenten Kommentatoren zu Medienpolitik und Medienentwicklung in Österreich. Er holt historisch weit aus, wenn es um die Zukunft geht, jene der Zeitung zumal: „Die attische Demokratie ist ohne die Erfindung des Alphabets und die Möglichkeit Gesetze aufzuschreiben, nicht denkbar; Frühkapitalismus, Renaissance und Aufklärung nicht ohne Kanonen und Buchdruck" (Thurnher 2012: 5). Der Leser kennt – man schreibt Jahresende 2012 – bereits den aktuellen Anlass solcher Räson. Eben wurde in Deutschland die *Frankfurter Rundschau* zum Insolvenzgericht geschickt und die *Financial Times Deutschland* nebst weiteren Wirtschaftstiteln von *Gruner + Jahr* eingestellt. Thurnhers Prognose (2012: 5): „Wie sich die Finanzwirtschaft von den Fesseln hemmender Regulierung befreite, fegt die Digitalwirtschaft gleichzeitig die linearen Printmedien weg – nicht komplett, aber tendenziell. Dead men talking." Der öffentlich-rechtliche Rundfunk hält sein Bedauern knapp: „Schuld daran ist nicht zuletzt das Internet", heißt es einleitend im *ORF*, als an einem „kultur.montag" zum Thema Zeitungssterben eher kurz und schmerzlos erzählt und diskutiert wird (kultur.montag, 2013). Eine regelmäßige Sendung, die über Medienvergangenheit und Kommunikationszukunft erzählt, gibt es im öffentlich-rechtlichen TV nicht.

Neue Medien mit alten Hüten
Die Problemstellung ist nicht gerade neu. Die Erklärungen sind es auch nicht. Es scheint aber, wie die folgenden Analysen belegen, ein Wendepunkt erreicht. Immer öfter erschrecken Österreichs Medienmanagerinnen und Medienmanager, wenn ihre Produkte inzwischen in internationalen Konferenzen als „legacy media" zusammengefasst werden – das Althergebrachte, das Überholte? Die Bereitschaft in diesen Traditionsmedien, sich mit Innovationsthemen auseinanderzusetzen, ist

grundsätzlich groß – das zeigen viele Erhebungsdaten. Auch wenn Österreichs Medien und ihre Mitarbeiter nur selten Fähnleinführer beim
Zug in die Moderne waren, so sehen sie doch den Innovationsbedarf
und Probleme, wenn andernorts zu spät oder in die falsche Richtung
marschiert wird.

Ein Überblick zur besseren Einordnung der aktuellen empirischen Befunde: Seit den 1990er-Jahren werden etwa Digitalisierungsprozesse
und ihre Folgen für Traditionsmedien in wissenschaftlichen Publikationen und Branchenzirkeln weltweit beschrieben. Das rasante Ver-
schwinden alter Marken, etwa von Tageszeitungen, konnte in vielen
Märkten schon lange gut beobachtet werden. „In den USA mussten
allein in den vergangenen fünf Jahren 14 große Tageszeitungen schließen", resümiert die *Zeit* online anlässlich der jüngsten deutschen Re-
daktionsschlüsse (Buhse/Kremers 2012). Der Doyen der US-Journalis-
musforschung Philip Meyer hatte bereits im Jahr 2007 als statistisches
Datenexperiment das Jahr 2040 als jenes des letzten Erscheinens einer gedruckten Tageszeitung vorhergesagt. Die Verlustkurve bei den
Auflagen war da schon dramatisch. 2007, so rechnete Meyer damals
vor, kamen auf die mehr als 300 Millionen Einwohner der USA gerade noch 50,7 Millionen tägliche Zeitungsexemplare, „the lowest point
since 1945" (Meyer 2009: 1). Auf Websites wie dem *Newspaper-
deathwatch* wird das begleitend beobachtet und mit demografischen
Marktdatenauswertungen, wie jener des Pew Institute aus dem Herbst
2012, werden die täglich wachsenden Printprobleme in Übersee umso
klarer: Noch fast jeder zweite US-Amerikaner über 65 liest eine ge-
druckte Tageszeitung – aber nicht einmal mehr jeder zehnte unter 30
Jahren (Newsosaur 2013).

Spätestens zur Jahrtausendwende waren auch für den Fernseh- und
Filmmarkt Erschütterungen und Umwälzungen logisch vorhersehbar.
Praxisnahe Publikationen berichteten, wie etwa die deutschen Media
Perspektiven in einem Editorial: „Marktveränderungen zeichnen sich
beim Fernsehen durch die Digitalisierung (…) ab". Es würden ganz
neue „digitale Programmbouquets" entstehen: „Die Technik der Digitalisierung erlaubt über Kabel und Satellit eine Steigerung der Übertra-
gungskapazität um den Faktor zehn" (Breunig 2000: 378). Die Perspektive damals: Etwa ein Jahrzehnt lang werde diese erste Welle des
technischen Umbaus der europäischen TV-Landschaft dauern.

Da blieb einige Zeit, um sich mit Ideen und konkreten Produktinnovati-
onen auf diese sich verändernde Medien- und Kommunikationsgesellschaft auch im Management der gut eingeführten Gruppen und Unternehmen einzustellen. Möchte man meinen – und es war doch für viele

zu wenig. 2011 stellt ein in Europa renommiertes wissenschaftliches Begleitprojekt zum Thema „Mapping Digital Media", geleitet von Robert G. Picard, Direktor des Reuters Institute an der Universität Oxford, immer noch fest: „The fundamental problem for media firms, however, is not that the revenue portions of their business models are ineffective, but too many of them are trying to sell 19th and 20th century products in the 21st century. And in many cases they are trying to do this without changing the value they provide, or the relationships within which they are provided" (Picard 2011: 8). Verkauft wird demnach alter Wein in neuen Schläuchen, das E-Paper ist eigentlich nur ein Printderivat, das digitale Fernsehen der Zukunft unterscheidet sich kaum von seinen Formatvorgaben der frühen Sendejahre.

Österreichische Besonderheiten
„Deutliche Unterschiede" beim Tempo der Digitalisierung in Europa stellte eine Studie der österreichischen Regulierungsbehörde RTR bald fest (Gröbel/Brockmeyer 2006: 4). Der deutschsprachige Raum war demnach behäbig und die traditionellen Medienmarken kamen dennoch länger glimpflich davon. Auch im Zeitungs- und Zeitschriftenmarkt gilt: Für schwierige und mitunter schmerzhafte Integrationsprozesse von traditionellen und neuen, digitalen Medien in Redaktionen, Produktion und Vertrieb ließen sich Zentraleuropäer viel mehr Zeit als etwa Unternehmen in Großbritannien oder Skandinavien. In Relation gab es dennoch weit weniger Printmedieneinstellungen, da auch der Verlust bei Verkaufszahlen langsamer war als etwa in den USA und Großbritannien. Österreichs Branche hatte besonders viel Geduld: Das kleinstaatliche Mediensystem mit einem hohen Maß an Konzentration der Eigentümerschaft im Printmarkt begrenzt den unmittelbaren Konkurrenzdruck. Der lange während Schutz durch medienpolitische Regulierung für den *ORF* – die sehr späte Dualisierung des Hörfunk- und TV-Markts – gab dem öffentlich-rechtlichen Marktführer Extrazeit bei der Marktbeobachtung. Zwar gab es private Konkurrenz aus Deutschland via Kabel und Satellit schon vor der Jahrtausendwende, ein Privat-TV-Gesetz war in Österreich selbst aber erst 2001 beschlossen worden. Die wichtigsten Herausforderer im World Wide Web kamen außerdem aus den eigenen Werkstätten: *orf.at* oder *derstandard.at*, *diepresse.com*, *krone.at* oder die Webausgaben der Regionalmedien. Die medialen Platzhirsche – Print und Rundfunk – hatten somit Protektion in fast allen Gattungen und Regionen und das produzierte weniger akuten Innovationsdruck. Die Specifica Austriaca brachten noch in Zeiten akut größter Not überraschende Ergebnisse und Zeitgewinn: Als im Zuge der internationalen

Wirtschaftskrise zwischen 2007 und 2009 ein Einbruch des Zeitungs-
markts sogar im zweistelligen Bereich für Länder wie Deutschland
(-10 %) oder noch deutlicher etwa in Spanien (-16 %), Italien (-17 %) und
Großbritannien (-20 %) errechnet wurde, blieben Österreichs Tageszeitungen mit einem marginalen Verkaufsminus von 2 % nahezu stabil und
die Erlöse trotz international einbrechender Werbemärkte vergleichsweise gleichbleibend (PriceWaterhouseCoopers 2009).
Recht langfristig angelegte Abonnementsysteme verhindern ruckartige
Rückgänge im Vertrieb. Zu stabilen Gesamtreichweiten im Zeitungs-
markt hatten aber auch Start und Ausbau von (Gratis-)Zeitungstiteln –
Österreich (gegründet 2006) und *heute* (gegründet 2004) – wesentlich
beigetragen. Das ging durchaus zulasten einiger Konkurrenten – präsentiert aber Österreich weiter als Hort der Zeitungsleser, auch wenn
jedenfalls jugendliche Interessenten für Zahlzeitungen kaum noch zu
finden sind.
Eine Ursache der Abfederung der Umsatzeinbrüche nach der Wirtschaftskrise 2008, die als Bankenkrise begonnen und wesentliche
Inseratenkunden der Medien besonders hart getroffen hatte, ist
ebenfalls auffällig: Verluste im Print-Anzeigengeschäft wurden durch
steigende öffentliche Ausgaben für Werbung und Public Relations von
Ministerien, Ländern und öffentlichen Einrichtungen kompensiert. Der
Euro bleibt dabei im Land: Während die Medienbranche den stetig
steigenden Abfluss von Werbebudgets der Unternehmen an die neu-
en Giganten im Internet – an *Google* oder *Facebook* etwa – bedauert,
konzentriert die öffentliche Hand ihre Inserate bisher im Land. Über
Qualität öffentlicher Dienstleistungen wird in heimischen Medientiteln
informiert und – noch – kaum auf *Google-AdWords*.
Wegen des neuen Medientransparenzgesetzes in Österreich konnte
erstmals für das 3. Quartal 2012 die Summe aller Werbeausgaben öffentlicher Stellen erfasst werden: Es waren in diesen drei – sommerlich
eher werbeschwachen – Monaten immerhin rund 37 Millionen Euro.
Im vierten Quartal 2012 waren es bereits 65,2 Millionen. Das Gros
dieser Mittel floss an Tageszeitungen, Magazine und Zeitschriften, ein
wenig ging an deren jeweilige Online-Titel – nur rund 1 % der öffentlichen Werbeaufwendungen an *Google* und *Facebook* (siehe z. B. Fidler
2012). Alle Einzelmeldungen werden inzwischen quartalsweise durch
die RTR[1] veröffentlicht. Der Trend lässt also Jahresumsätze von rund
200 Millionen Euro aus Werbung mit Mitteln im Einflussbereich der
öffentlichen Hand erwarten.

---

1 Für das 4. Quartal 2012 unter https://www.rtr.at/de/m/veroeffentl_medkftg_daten/
Veroeffentlichung_3Abs3MedKFTG_Q4_2012.pdf

Österreichs Medienmanagerinnen und Medienmanager konnten auch dank solcher Besonderheiten davon ausgehen, dass manch ein international diskutierter neuer Trend erst verspätet in Österreich Reaktionen erforderte. In Abwandlung eines beliebten Bonmots von Karl Kraus: Wenn die (Medien-)Welt ringsum unterginge, würde in Österreich wohl doch noch ein paar Jährchen mehr recht gewohnt geschrieben und gesendet werden.

Halbwegs aufmerksam wird immerhin die Entwicklung bei den deutschen Nachbarn beobachtet. Unmittelbar ist das aufgrund der Verknüpfung großer österreichischer Mediengruppen mit deutschen Eigentümern notwendig (siehe Kaltenbrunner et al. 2007: 44ff.). Die *WAZ* mit Sitz in Essen, zu 50 % an der *Kronen Zeitung* beteiligt, zu 49,4 % an der *Kurier*-Gruppe, ist damit auch zentraler Akteur der gemeinsamen Mediaprint. Verschwägert ist diese Gruppe mit der *News*-Gruppe – und diese im Mehrheitsbesitz von *Gruner + Jahr* in Hamburg. Im TV-Markt sind die Programmanbieter *Puls4* (*Pro7Sat.1-Media AG*) und *ATV* (*Telemünchen*-Gruppe) zur Gänze in der Hand deutscher Betreiber.

Mittelbar wirken sich deutsche Trends aus, weil Medienprodukte, die in Deutschland hergestellt werden – via Kabel und TV-Satellit ebenso wie etwa im Zeitschriftenmarkt oder grenzüberschreitend als digitale Produkte via World Wide Web verfügbar – als wichtige Konkurrenten am gleichsprachigen österreichischen Markt aktiv sind. Vorausblickend wird deswegen angenommen, dass deutsche Großwetterlagen in der Kommunikationsgesellschaft, Technologieentwicklung und Medienökonomie alsbald auch Österreichs Branchenklima beeinflussen.

Österreichs große Medienhäuser betreiben keine eigene Abteilung für Forschung und Entwicklung. Demnach ließe sich immerhin von deutschen Innovationen immer wieder lernen. Zu den Vorführstücken zählt seit Langem die *Welt*-Gruppe innerhalb des *Springer*-Verlags. Dort sitzen frühe Promotoren eines integrierten Newsrooms in Deutschland. Die *Welt* setzte die erste App einer deutschsprachigen Zeitung auf das iPad. „Digital to Print" heißt die Verwertungskette seit 2012, beschreibt Oliver Michalski, der stellvertretende Chefredakteur. Redaktionszeiten für die diversen Zeitungen der Gruppe seien in der Ressourcen- und Ablaufplanung im Newsroom nachrangig. Die Insolvenz von *Frankfurter Rundschau* und das Ende der *Financial Times* hätten nun wohl auch die letzten Printtraditionalisten aufgeschreckt, vermutet Michalski: „Wer jetzt den Schuss noch immer nicht gehört hat, hat nichts verstanden" (Michalski 2013). Investition in die digitale Zukunft sei das Gebot der Stunde.

**Mobile Content und digitale Plattformen –
Glaube, Hoffnung, Zweifel**

Aber wird die Botschaft auch in Österreichs Medienbranche so verstanden? Und wie soll reagiert werden?

Annahmen, Analysen und daraus folgende Forderungen sind auch weltanschaulich durchaus unterschiedlich. Der Geschäftsführer des *Kurier*, Thomas Kralinger, etwa verlangt in seiner Eigenschaft als Präsident des Verbands Österreichischer Zeitungen (VÖZ) eine drastische Erhöhung der staatlichen Presseförderung auf 50 Millionen Euro mit innovativer Zweckbindung für die „nötigen Weichenstellungen in eine digitale Zukunft" (VÖZ 2013).

Die Presse-Chefredakteur Rainer Nowak sieht die Printzukunft optimistischer, relativiert die „eitle Ente vom Ende der Zeitungen" und schreibt von einer „Endzeitstimmung, wie sie nur Journalisten mit der ihnen eigenen Selbstüberschätzung produzieren können" (Nowak 2012). *Frankfurter Rundschau* und *Financial Times Deutschland* sind aus seiner Sicht schlicht Beispiele für Zeitungen, die am Markt nicht ausreichend nachgefragt waren. Fazit: „Der Journalismus muss sich radikal ändern, aber er wird samt Zeitung nicht sterben."

Trotz ideologischer Differenzen – wie viel Staatshilfe braucht ein veränderlicher Markt? – gibt es immerhin einen gemeinsamen Nenner: Erneuerung tut not im Medienmarkt.

Das zeigen 2012/2013 auch die Manageraussagen für den „Journalisten-Report IV". Bei der Suche nach Innovationen in der Branche und deren Relevanz für den ökonomischen Erfolg der Medienunternehmen hat ein Fragenkomplex die deutlich größte Zustimmung: „Das Zusammenwachsen traditioneller Produktion mit neuen digitalen Kanälen" halten 85 % der Befragten für wichtig oder sogar sehr wichtig. Auf einer fünfteiligen Notenskala ergibt das einen Durchschnittswert von 1,60. Quer durch alle Mediengattungen: Österreichs Managerinnen und Manager glauben einhellig, dass digitale Ausbau- und Konvergenzstrategien entscheidend für eine gute Bilanz sein werden.

Am deutlichsten ist diese Zustimmung – bei aller Vorsicht der Dateninterpretation in kleinen Befragungsgruppen – bei den Managerinnen und Managern, die Hörfunk-, TV- und Internetangebote verantworten. Das digitale Konvergenzthema ist fest im Bewusstsein, weil eben auch im beruflichen Alltag schon stark verankert. Eine Differenz ist auch nach Generationen erkennbar: Managerinnen und Manager unter 40 Jahren sehen Konvergenz mit digitalen Kanälen am deutlichsten als Erfolgsbedingung.

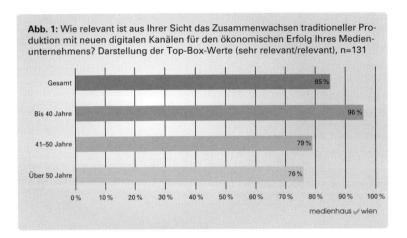

Abb. 1: Wie relevant ist aus Ihrer Sicht das Zusammenwachsen traditioneller Produktion mit neuen digitalen Kanälen für den ökonomischen Erfolg Ihres Medienunternehmens? Darstellung der Top-Box-Werte (sehr relevant/relevant), n=131

Ein weiteres, aktuell vielfältig diskutiertes Branchenthema findet Niederschlag in den Befragungsergebnissen. Die „Entwicklung von Mobile Content für Tablets und Smartphones" halten drei Viertel der österreichischen Medienmanagerinnen und Medienmanager für wichtig oder sehr wichtig. Als Durchschnittsnote auf der fünfteiligen Skala ergibt das den Wert 1,88.

Die Diskussion über mobile Inhalte für ein ganz neu bewegliches Publikum hat seit einigen Jahren Konjunktur – mit Höhen und Tiefen der Hoffnungen. Der Hype kam bei der Markteinführung des iPad von Apple. Im Frühjahr 2010 erklärte der deutsche *Springer*-Vorstandschef Matthias Döpfner in einer US-Talkshow: „Jeder Verleger sollte sich einmal am Tag hinsetzen, beten und Steve Jobs dafür danken, dass er mit diesem Gerät die Verlagsindustrie rettet" (Winterbauer 2010). Ein gutes Jahr danach bedauert das jährliche Medien-Spezialheft von *trend* und *Bestseller* anlässlich der österreichischen Medientage 2011, Erwartungen in iPad und Co. hätten sich „bis dato nicht erfüllt" (Seebacher 2011: 40). Wieder ein Jahr später rufen Branchenmedien in Österreich doch wieder „Das Jahr der mobilen Kundenbindung" (a3boom: 16ff.) aus. Werbe-, Marketing- und PR-Agenturen hätten nun das große Potenzial der Smartphones und Tablets erkannt.

Die aktuelle Befragung für den „Journalisten-Report" dokumentiert großes Themeninteresse für Mobile Content in den Medienmanagements.

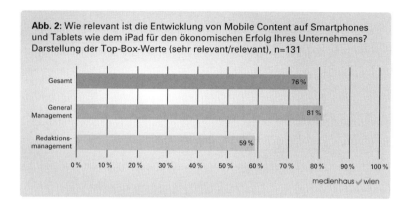

Abb. 2: Wie relevant ist die Entwicklung von Mobile Content auf Smartphones und Tablets wie dem iPad für den ökonomischen Erfolg Ihres Unternehmens? Darstellung der Top-Box-Werte (sehr relevant/relevant), n=131

Dabei wird aber auch eine Diskrepanz innerhalb des Managements je nach Verantwortungsbereich deutlich. Jene 102 Befragten aus dem General Management ohne unmittelbare Zuständigkeit im journalistischen Bereich halten die Entwicklung von Mobile Contents für den ökonomischen Erfolg des Unternehmens für wesentlich bedeutsamer (1,76) als die 29 interviewten Redaktionsmanagerinnen und Redaktionsmanager (2,31).

Bei aller Vorsicht und erneut unter Hinweis auf größere Fehlerschwankungsbreiten bei Datenauswertung von kleineren Gruppen ist ein Phänomen quer durch die Ergebnisse der Medienmanagerbefragung, wenn es um Innovation und Digitalisierung geht, deutlich: Medienmanagerinnen und -manager, die mit Budget- und/oder Personalhoheit den redaktionellen Betrieb unmittelbar leiten – Chefredakteurinnen und Chefredakteure – sind skeptischer bei den ökonomischen und journalistischen Erfolgsversprechen durch neue digitale Formate und Arbeitsformen als jene Managerinnen und Manager, die nicht in die journalistischen Abläufe integriert sind. Das zeigt sich bei der generellen Einschätzung der Bedeutsamkeit von mobilen Plattformen ebenso wie etwa bei der Bedeutung, die der „Bewegtbild/TV-Entwicklung für neue digitale Plattformen" zugestanden wird.

Tendenziell wollen also die ökonomisch Verantwortlichen die digitale Veränderung schneller vorantreiben und konkrete Projekte rascher entwickeln als ihre leitenden Kolleginnen und Kollegen in den Redaktionen. Über die Ursache der unterschiedlichen Tempi kann plausibel spekuliert werden: Es sind vor allem die Redaktionen, die solche Veränderung eben zuerst tragen müssen. Dafür stehen aber selten zusätzliche Mittel zur Verfügung – im Gegenteil fürchten Journalistinnen und Journalisten häufig, dass Digitalisierungsprojekte getarnte oder

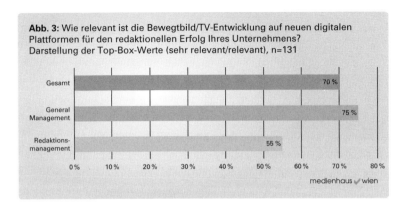

Abb. 3: Wie relevant ist die Bewegtbild/TV-Entwicklung auf neuen digitalen Plattformen für den redaktionellen Erfolg Ihres Unternehmens? Darstellung der Top-Box-Werte (sehr relevant/relevant), n=131

auch deklarierte Rationalisierungsprojekte des General Managements im Auftrag der Eigentümer sein könnten oder eben Diktat sich leerender Kassen. Leitende Redakteure und Redakteurinnen lernen zudem am internationalen Exempel in ureigener Sache, dass zu den frühen Modernisierungsverlierern oft ausgerechnet die altgedienten Spitzenkräfte in den Redaktionen gehören. Als etwa der von der Druckindustrie-Dachorganisation IFRA als „Benchmark" bei Transfer massiv unterstützte und seither als Modell vielfach beworbene und immer wieder bei Manager- und Redaktionsreisen präsentierte *Daily Telegraph* seinen Newsroom für Print und Online 2006 integrierte, wurde wenig danach auch die Chefredaktion des Blattes ausgetauscht.

Einer für alle, alle in einen – Reizthema Newsroom

Besonders deutlich wird diese unterschiedliche Bereitschaft zur Veränderung beim langjährigen Reizthema der Integration verschiedener Redaktionen eines Unternehmens (Print, Online, Radio, TV). „Die Zusammenarbeit unserer Journalisten für verschiedene Kanäle in einem gemeinsamen Newsroom" halten 74 % der Befragten aus dem General Management für relevant oder sehr relevant „für den redaktionellen Erfolg". Jene, die als Leiterinnen und Leiter ebendiesen journalistischen Erfolg sicherstellen sollen, sehen das tendenziell durchaus anders: Nur 48 % der Redaktionsmanagerinnen und -manager können der Zusammenarbeit im gemeinsamen Newsroom überwiegend Positives abgewinnen. Sie müssen schließlich in diesem Fall auch die – durchaus absehbaren – Konflikte austragen.

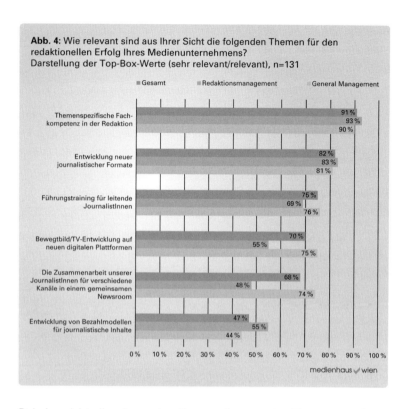

Abb. 4: Wie relevant sind aus Ihrer Sicht die folgenden Themen für den redaktionellen Erfolg Ihres Medienunternehmens? Darstellung der Top-Box-Werte (sehr relevant/relevant), n=131

Dabei spricht die allgemeine Fragestellung nach „Zusammenarbeit" die sehr unterschiedlichen Optionen von Konvergenz im Newsroom noch nicht an. Forschungsprojekte zur internationalen Beobachtung von Newsroom-Integration (Kaltenbrunner et al. 2009) und deren Risiken und Chancen (Meier 2010) zeigen durchaus unterschiedliche Varianten (Carvajal et al. 2009). Die Anforderungen an Managements und Redaktionen sind dabei unterschiedlich, am meisten Veränderungsbereitschaft wird abverlangt, wenn – wie etwa beim zitierten Beispiel von *Welt* – vollständige Integration von vormals getrennten Redaktionseinheiten in einem Newsroom und Workflow angestrebt wird. Im – groben – Überblick, lassen sich drei Newsroom-Modelle im Markt immer wieder feststellen:

- *Vollständige Integration* geht davon aus, dass der Newsflow zentral gesteuert wird, eine deutliche Mehrheit der Journalistinnen und Journalisten im Newsroom mit den verschiedenen Plattformen und Kanälen technisch und gestalterisch vertraut ist. Spezialisierung Einzelner und von Teams auf verschiedene Ausgabekanäle und Produktionsroutinen ist zwar weiter möglich, aber nicht mehr als eine generelle Tätigkeit in Abgrenzung zu anderen Redaktionseinheiten definiert (Print- oder Online-Journalist, Radio- oder TV-Redakteurin …).

- *Crossmedia* hat getrennte Verantwortungen, etwa für Print/Online/ Radio/TV, die aber vernetzt arbeiten. Häufige werden Multimediakoordinatoren, Chefs vom Dienst oder News-Editoren definiert, die plattformübergreifend arbeiten und koordinieren, während das Gros des Redaktionsteams weiterhin spezifisch für einen der Ausgabekanäle arbeitet.

- *Koordination von eigenständigen Plattformen* bedeutet, dass Konvergenz im Newsroom selbst dann nicht stattfindet, wenn auf Managementebene übergreifende Strategien für verschiedene Medienkanäle durchaus entwickelt werden.

Österreichs Medien sind dabei im internationalen Vergleich „late adopters" (Meier/Kaltenbrunner 2013). Entsprechend hinkt auch die praxisnahe Forschung hinterher. Im öffentlich-rechtlichen Rundfunk werden zum Beispiel in Großbritannien (Cottle/Ashton 1999) seit mehr als einem Jahrzehnt Konvergenzüberlegungen angestellt. Die britischen Erfahrungen mit Newsroom-Digitalisierung werden mit jenen in Spanien verglichen (Garcia Aviles et al. 2004). In Belgien etwa wurden jüngst die Bruchstellen zwischen Managementplänen und journalistischen Befindlichkeiten im integrierten Newsroom des flämischen Senders *PSB* genauer betrachtet (van den Bulck/Tambuyzer 2013: 54). Eine solche Integration verschiedener Kanäle in neuen Newsrooms fand in vielen weiteren Staaten auch im öffentlich-rechtlichen Sektor statt und damit ergab sich eben die Chance, diese Ergebnisse zu analysieren: im dänischen *DR* ebenso wie im finnischen *YLE* oder bei der Schweizer *SRG*.

In Österreich hat die Diskussion über Vor- und Nachteile solch redaktioneller Konvergenz zwischen Radio, Fernsehen und Internetangeboten erst begonnen. Der Vorschlag von *ORF*-Generaldirektor Alexander Wrabetz zur Planung eines trimedialen Newsrooms wurde im Spätsommer 2012 von den Stiftungsräten angenommen (siehe z. B. Wallner 2012).

Auch im österreichischen Printmedienmarkt werden die bisher organisatorisch und redaktionell eher zarten Bande zwischen Mitarbeiterinnen und Mitarbeitern der gedruckten Traditionstitel und ihrer Online-Redaktionen erst seit Kurzem stärker geknüpft und auch räumlich verbunden. Die neue Tageszeitung *Österreich* und ihr Online-Titel *oe24* waren 2006 im gemeinsamen Newsroom, wiewohl weiterhin mit recht klar getrennten journalistischen Aufgabenteilungen im Wiener Stadtzentrum an den Start gegangen wird. Als eine der Ersten hatte die kleinste überregionale Zeitung ein Zeichen gesetzt: Das *Wirtschafts-Blatt* übersiedelte im Sommer 2011 in einen neuen Newsroom, der, so der damalige Chefredakteur Wolfgang Unterhuber, „nach dem Open-Space-Prinzip den modernsten Anforderungen eines Multi-Plattform-Medienunternehmens entspricht" (Unterhuber 2011: 2). Journalistinnen und Journalisten sollten darin systematisch für mehrere Kanäle tätig werden.

Anfang Dezember 2012 übersiedelte die *Tiroler Tageszeitung* mit ihren knapp 100 redaktionellen Mitarbeiterinnen und Mitarbeitern in einen neuen Newsroom im Zentrum von Innsbruck mit dem Anspruch von „mehr Kommunikation und Vernetzung zwischen den Ressorts sowie den Medienkanälen" (Moser-Holding 2012).

Die zuletzt meist beachtete Übersiedlung war jene des *Standard* zur Jahreswende 2012/2013. Hier wurden die Tageszeitungs- und Österreichs größte Online-Redaktion in einem gemeinsamen Gebäude zusammengeführt. *Derstandard.at* war 1995 Pionier als Tageszeitungsmarke im Internet und bilanziert mit der eigenständigen Digitalfirma positiv. „Zusammenarbeit nicht Zusammenlegung" im Newsroom sei die Devise, sagt Chefredakteurin Alexandra Föderl-Schmid bei der Präsentation des neuen Ambientes.[2] Wenige Monate später, im Juni 2013, erfährt die Redaktion von viel weiter reichenden Plänen zur Integration.

Im *Kurier* wiederum wird ein weiterer Ausbau des Newsrooms für zentrale Print- und Online-Steuerung angestrebt – seit 2012 wird eine Übersiedlung des Unternehmens diskutiert, die auch dafür neue räumliche und technische Voraussetzungen schafft.

In der Managerbefragung spiegeln sich also generell Bewegung in den Medienunternehmen wider und ein durchaus hohes Maß an Interesse für Innovationsthemen – aber auch unterschiedliche Interessen. Manche neuen Mitbewerber – wie etwa *Google*, geboren 1998 – waren schneller aus der Pubertät, manche neuen Social-Media-Kommunikationsformen – wie etwa *Facebook*, geboren 2004 – waren schneller aus den Kinderschuhen, als die Altvorderen „legacy media" ihre Lebensgewohnheiten anpassen konnten.

So halten knapp zwei Drittel der Befragten den Ausbau des eigenen Social-Media-Auftritts für ein wichtiges Thema. Mit unterschiedlichen Optionen allerdings. Dem *ORF* ist eigenes Engagement auf *Facebook*, *Google+* und anderen Social-Media-Plattformen per Gesetz verboten – was das Management, vor allem auf Drängen der Redaktionen, erst seit 2012 gegenüber den medienpolitischen Entscheidungsträgern thematisiert und vor Bundeskommunikationssenat, Verfassungs- und

---

2 Siehe z. B. ein Video für Horizont ein Monat nach der Übersiedlung: http://www.horizont.at/home/detail/horizont-video-der-standard.html

Verwaltungsgericht beeinsprucht hat. Höchstrichterliche Entscheidungen dazu werden für Herbst 2013 erwartet.

Doch während die Nutzung dieser neuen digitalen Vertriebskanäle in allen Unternehmen inzwischen bedeutsam gesehen wird, wird zugleich beobachtet, wie diese Publikum von den traditionellen Marken abziehen, in ihren „News"-Zonen fremde Medieninhalte selbst ökonomisch verwerten oder durch ihre Suchlogiken und geheimen Logarithmen über Auffindbarkeit und damit Erfolg der Webmedien entscheiden. Die „Konkurrenz durch Google und andere Suchmaschinen" ebenso wie „Die Konkurrenz durch Facebook und andere soziale Netzwerke" thematisieren knapp mehr als die Hälfte der Managerinnen und Manager als „wichtig" oder „sehr wichtig".

Hier werden viele noch genauer hinsehen, wenn die Abflüsse der Werbeetats, etwa auch aus öffentlichen Mitteln, in diesem Sektor weiter wachsen. Klagen von Medienunternehmen gegen *Google* sind in Österreich nicht anhängig. Vergleichszahlungen des Suchmaschinendominators – wie etwa vom Verlegerverband in Frankreich Anfang 2013 ausgehandelt – an Print- oder andere Medienhäuser wurden nicht ausgeschüttet. Ein „Leistungsschutzrecht", das quasi als „Lex Google" in Deutschland seit Februar 2013 die Verhältnisse von Suchmaschinenanbietern und primär journalistischen Medien bei der Content-Nutzung neu regeln soll, ist in Österreich erst im Stadium erster Textentwürfe durch das Justizministerium. Die Konkurrenz durch *Google*, *Facebook* und Co. ist für eine Hälfte der österreichischen Medienmanagerinnen und Medienmanager zwar ein relevantes Thema. Bisher jedoch eher in der Beobachterrolle.

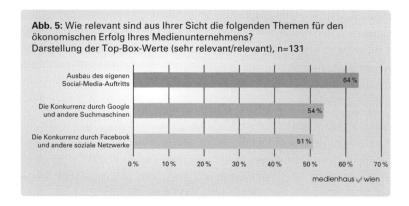

Abb. 5: Wie relevant sind aus Ihrer Sicht die folgenden Themen für den ökonomischen Erfolg Ihres Medienunternehmens? Darstellung der Top-Box-Werte (sehr relevant/relevant), n=131

Innerredaktionell wird der Wunsch nach neuen Ideen in Verbindung mit tiefer Expertise deutlicher kenntlich gemacht. Vier von fünf Managerinnen und Managern glauben, dass die „Entwicklung neuer journalistischer Formate" für den redaktionellen Erfolg des Unternehmens sehr bedeutsam ist.

Fast einhellig in der Befragung ist die Einschätzung, dass „themenspezifische Fachkompetenz in der Redaktion" wichtige Erfolgsvoraussetzung ist. 91 % der Befragten unterschreiben diese Behauptung. Wie verträgt sich das mit der Anforderung, insbesondere an die leitenden Journalistinnen und Journalisten, sie mögen zugleich breite Allgemeinbildung für Steuerung vieler Kanäle und großen Themenüberblick quer durch Ressorts haben?

Diese Diskussion, ob für Journalistinnen und Journalisten neben selbstverständlichen handwerklichen Fertigkeiten eher das breite Allgemein- und Orientierungswissen Erfolg versprechend sei oder doch besser besondere, tiefe Expertise in fachlichen Teilbereichen, ist ebenfalls nicht neu. „Generalisten oder Spezialisten"? (Renger et al. 2006) Im Zweifelsfall sind natürlich beide im Newsroom erwünscht – ein interessanter Trend lässt sich aber zusammenfassend ablesen: Mehr Breite wird bei Einsatz und Bedienung der vielen neuen digitalen Recherche- und Distributionskanäle von allen Journalistinnen und Journalisten verlangt, gleichzeitig aber mehr Expertise, also Tiefe, im jeweiligen Ressort gefordert, damit sie „auf Augenhöhe"[3] mit Vertretern und Vertreterinnen von Politik, Wirtschaft, Justiz oder Wissenschaft interagieren. Die Anforderungen der Managements an ihre redaktionellen Mitarbeiterinnen und Mitarbeiter wachsen: Journalistinnen und Journalisten seien demnach digitale Generalisten und fachliche Spezialisten. Das ist ein schwieriger Spagat.

Sichtbar wird der Anspruch auch in den Aus- und Weiterbildungsprogrammen der wichtigsten österreichischen Anbieter. Da wird „Crossmedia-Publishing", „Storytelling" über alle Kanäle, „Data-Mining" und „Mobile Reporting" mit den englischen Trendtermini neu in Österreich eingeführt, andererseits finden sich vermehrt Angebote zur Vertiefung von juristischem Fachwissen, politischem Systemverständnis oder auch zu wirtschaftlichen Fertigkeiten, etwa im „Crashkurs: Bilanzen verstehen".[4] Hier geht die Kompetenzschere für Medienunternehmen und ihre Angestellten weit auf. Wie aber werden so vielfältige Teams im Newsroom zusammengehalten? Führungstraining für leitende Journalistinnen und Journalisten des Unternehmens ist den Medienmanagerinnen und Medienmanagern ebenfalls wichtig.

3 Falter-Chefredakteur Florian Klenk im ORF-„kultur.montag" 28.01. 2013, 22.30h

4 Siehe z. B. Programme des fjum_forum journalismus und medien wien www.fjum-wien. at oder des Kuratoriums für Journalistenausbildung www.kfj.at.

Auf der Suche nach Geld und Bedeutung für die Zukunft

Eher unschlüssig sind sich die Medienmanagerinnen und Medienmanager noch, wie sich all das in neuen „Bezahlmodellen" refinanzieren lässt. Nicht einmal die Hälfte der Interviewten hält die Entwicklung solcher neuer Systeme für besonders relevant. Bei der Einschätzung der Wichtigkeit solcher Zahlmodelle gibt es aber eine merkbare Differenz zwischen Redaktionsmanagerinnen und -managern (55 %) und ihren Kollegen aus dem General Management (44 %). Das mag dem Umstand geschuldet sein, dass Journalistinnen und Journalisten ihre eigene Arbeit ohne solche Refundierung für das Contentangebot generell als zu gering bewertet – und eben gefährdet – einschätzen.

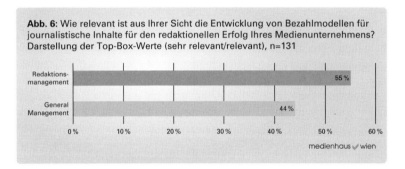

Abb. 6: Wie relevant ist aus Ihrer Sicht die Entwicklung von Bezahlmodellen für journalistische Inhalte für den redaktionellen Erfolg Ihres Medienunternehmens? Darstellung der Top-Box-Werte (sehr relevant/relevant), n=131

Die Diskussionen über mehr oder weniger durchlässige Paywalls der Online-Auftritte, ideale Zahlungsmodelle für E-Paper und mobile Apps oder Abosysteme zur crossmedialen Stärkung von Print und Online insgesamt haben im österreichischen Manageralltag aber noch keine so große Bedeutung, wie internationale Veröffentlichungen vermuten lassen. Darin werden Pionierprojekte wie die Paywall der *New York Times* oder die jüngsten Anläufe der deutschen *Welt*-Gruppe thematisiert. In den USA, das zeigen Erhebungen zu Jahresende 2012, haben bereits knapp die Hälfte der Tageszeitungen und Magazine irgendeine Form der digitalen Paywall – mehr oder wenig durchlässig, für alles oder Spezialangebote – in der Hoffnung auf neue Erlöse eingeführt. Die *New York Times*, nach Angabe ihres stellvertretenden Business-Directors Paul Smurl im Herbst 2012 „mit 500.000 Abonnenten sehr zufrieden" (Smurl 2012), schrieb schließlich zum Jahresende dank neuer Abosysteme und digitaler Paywalls erstmals mehr Erlös aus Vertriebsergebnissen als aus Werbung.

Das machte weltweit Eindruck. „News Analyst" Ken Doctor dämpfte in einem detailreichen Kommentar für das Nieman Lab der Harvard

University die Euphorie mit Daten. Das deutliche Wachstum für Betriebserlöse von 2011 auf 2012 dank Paywall (von 862 auf 936 Millionen Dollar) wurde bei der *New York Times Co.* erst durch den noch rapideren Verlust von Werbeerlösen (von 954 auf 883 Millionen Dollar) im selben Zeitraum zum Überholmanöver. „Newsonomics of Zero" nennt Ken Doctor diesen schwierigen Status (Doctor 2013). Die erstmals erfolgreiche Paywall in New York wurde über viele Jahre mit hohem Entwicklungsbudget für sehr ausdifferenzierte Abomodelle für User und Leser fein geschliffen und ist bemerkenswert. Ob das zur Existenzsicherung dauerhaft ausreichend ist, bleibt offen. Und wie weit ein solch komplexes und produkt- und marktspezifisch entwickeltes Zahlmodell auf nationale oder gar regionale Zeitungswebsites übertragbar und für diese durchsetzbar ist, bleibt jedenfalls noch länger unklar.

In Zentral- und Südeuropa haben die Experimente mit digitalen Zahlungsmodellen der Zeitungsverlage im Vergleich zu den langjährigen Innovationsinvestitionen der *New York Times* eher noch Hobbydimension mit Hoffnungscharakter. Wer bastelt mit? In Deutschland bauen – im Schatten der überregionalen *Springer*-Experimente mit *Welt* und Co. – auch immer mehr Regionalverlage Zahlhürden im Netz auf. Das Motto: Mal sehen.

In der Schweiz hatte im Oktober 2012 auch die renommierte *NZZ* ihre „metered Paywall" – anfangs durchlässig, nach 20 Seitenabrufen nur mehr mit Abo zu überwinden – eingeführt. Eine Schwelle, die ohnehin nur wenige *NZZ*-User je erreichen, wie Martin Hitz, selbst in den Pionierjahren bis 2001 einer der Online-Leiter der *NZZ*, im Schweizer Medienspiegel erklärt (Hitz 2013).

In Südeuropa erklären Strategen wie der Multimediadirektor der großen spanischen Tageszeitung *El Mundo* Miguel Gomez, über die „Einführung einer Paywall jedenfalls noch 2013 sehr ernsthaft" nachzudenken (Gomez 2012). Eine „Expertengruppe" mit Vertretern aller Managementbereiche und Vertriebskanäle Print und Online soll Modelle testen. Die Ergebnisse in Madrid sind zugleich für den Eigentümer von *El Mundo* – die italienische *Rizzoli*-Gruppe – interessant. In Italien hat für 2013 jedenfalls auch die große *La Repubblica* die Einführung einer Paywall auf der Vorhabensliste (De Benedetti 2013).

Leitmedien allerorten vermessen also die Zahlungsbereitschaft ihres Publikums neu, suchen alternative Wege konvergenten Aboverkaufs. In ihrem Schatten folgen regional und mit Zielgruppenangeboten weitere digitale Dienste eingesessener Medienmarken. In Österreich ist dies allerdings noch weitgehend Terra Incognita. Das Themeninteresse ist zwischen Boden- und Neusiedler See zudem je nach Arbeitgeber

und dessen Businessmodell logisch unterschiedlich: Tageszeitungsma-
nagerinnen und -manager – das ist aus den Befragungsdaten abzule-
sen – interessieren sich mehr für solche Zahlungsmodelle als etwa die
Führungskräfte von öffentlich-rechtlichem Rundfunk mit fixem Ertrag
aus Gebühren, denen solche Zahlschranken a priori nicht gestattet sind.
Österreichs Medienmanagerinnen und -manager beobachten etwa die
Paywall-Debatten mit Interesse, aber gehen keinesfalls noch mit Verve
und eigenen Experimenten an das Thema heran.

Einige Begründungen, warum Österreich kein Land für innovative digitale Experimente zur Refinanzierung von Journalismus ist, sind nach-
vollziehbar. Im Branchendiskurs wird vor allem angenommen, dass
neue Systeme nur im internationalen Gleichklang übernommen werden können. Als Vorreiter wäre dann einmal mehr Deutschland gefragt.
Dessen Medienhäuser stehen, wie beschrieben, auch erst am Anfang.
Österreich, so lautet ein weiteres Argument, sei zu klein, um für Journalismus mit ganz neuen Methoden Geld beim Publikum einzuwerben.
Letzteres würde gerade digital und im World Wide Web sehr schnell
über die Grenze entwischen.

Eine andere Erklärung für die Zögerlichkeit ist, dass im Vergleich zu internationalen Umsatzeinbrüchen in Österreich Inseraten- und auch Abon-
nementerlöse für die traditionellen Medienmarken – wie beschrieben –
noch weitgehend stabil und in Verbindung mit leichten Erhöhungen der
Copy-Preise die Umsätze einiger Verlage sogar leicht gewachsen sind,
sodass weniger Problemdruck für – riskante – neue Refinanzierungs-
modelle vorhanden ist. Ein zentrales, häufig vorgetragenes Argument
für geringe Chancen von Zahlmodellen für Printmedien im Internet ver-
weist auf die Marktdominanz des *ORF* im World Wide Web: Solange
der Marktleader *orf.at* – zwangsläufig – kostenlos im Internet mit brei-
tem Programm abrufbar sei, könnten Tageszeitungen kaum mit kosten-
pflichtigem General-Interest-Nachrichtenangebot digital reüssieren.

Auch diese Skepsis ist nicht neu: „Für die meisten kostenpflichtigen
Angebote existiert eine Gratis-Alternative", stellten die großen deutschen Verlage schon 2003 beim „Hamburger Dialog", einer Verlags-
konferenz, fest (Hövel 2003). Höchstens 10 % der Umsätze von traditionellen (Print-)Medienmarken würden in den folgenden Jahren
durch Erlöse aus redaktionellem Content-Verkauf im Internet zustande
kommen, hieß es bei dieser Hamburger Konferenz 2003. Ein Jahrzehnt
danach wären die meisten Verlage über solch einen User-Zehent für
Journalismus im Web sogar froh.

Auch die Zufriedenheit mit frühen Projekten des Verkaufs von spezi-
fischen Content-Paketen – von Wirtshauskritiken bis zu Wirtschafts-

berichten – an Dritte, etwa die Websites von Telekom-Unternehmen, währte nicht lange, wie Eigner schon 2002 beschrieb (Eigner 2002). Die Nachfrage nach klassisch journalistischen Inhaltspaketen zur eigenen Verwertung nahm rasch ab.

Selbst vehemente Gegner der Gratiskultur im Internet aus der Wissenschaft wie Stephan Russ-Mohl können keine lukrative Alternative mit Gewinngarantie anbieten, sondern nur gemeinsam mit den Medienmanagerinnen und Medienmanagern auf bessere Ideen der Medienwirtschaft bei Online-Abos, Flatrates und Micro-Payments zur Refinanzierung von Qualitätsjournalismus hoffen – und darauf, dass sich die Uhr nach Jahren der Gratiskultur im Netz zurückdrehen lässt: „Wenn alle begreifen, dass es erst fünf vor zwölf ist, ist vielleicht noch etwas zu retten" (Russ-Mohl 2009: 250).

Wer von den eingeführten Medien hat in Zeiten solcher Verwerfungen aber dann noch eine rosige Zukunft vor sich? Für den „Journalisten-Report" wurden die befragten Managerinnen und Manager aufgefordert – ohne Unterstützung durch Nennung irgendwelcher Titelnamen, spontan maximal drei zu nennen, „von denen Sie denken, dass sie in den kommenden Jahren wesentlich an Bedeutung gewinnen werden".

Genannt wurden Dutzende – spannend sind jene, wo die vielfache Nennung erkennen lässt, was Österreichs Medienmanagerinnen und Medienmanager branchenübergreifend für zukunftsträchtig halten. Für die Auswertung wurden Marken und zugehörige Kanäle unter dem Markennamen zusammengefasst – also etwa *Die Presse* und *Die Presse.com* unter *Presse* summiert oder die Nennung verschiedener Radio-, TV- oder Internetkanäle des öffentlich-rechtlichen Rundfunks unter *ORF*.

Am häufigsten wurde – von über einem Drittel der Befragten – *Der Standard* genannt. Bemerkenswert dann ein Blick in die Details. 23 % der befragten Managerinnen und Manager und somit fast jeder Vierte hatte ausdrücklich *derstandard.at* auf die Zukunftsliste gesetzt. Die digitale Präsenz wird damit am häufigsten spontan genannt, mehr als das Printprodukt bzw. der generelle Markenname *Standard*, der jeweils auch als Summe der Angebote gemeint sein kann.

Auf Platz zwei der Medienmarken, die in den kommenden Jahren wesentlich an Bedeutung gewinnen werden, reihen Medienmanagerinnen und Medienmanager den *ORF* mit seinen zahlreichen Kanälen (Radio, TV, orf.at, Teletext). Auf Platz drei findet sich die Gratiszeitung *heute*, die allerdings immer nur als Printausgabe genannt wurde. Die digitalen Varianten, ob App oder Website, scheinen nicht als Formate wahrgenommen zu werden, die „wesentlich an Bedeutung" gewinnen könnten. Gleich dahinter mit 21 % Nennungen findet sich *Servus TV*. Nur noch ein weiteres Medienhaus erreicht in der Einschätzung aller Medienmanagerinnen und Manager ein zweistelliges Ergebnis: *Die Presse* und *diepresse.com* mit zusammen 13 %.

Tab. 1: Folgende Medienmarken werden in den kommenden Jahren wesentlich an Bedeutung gewinnen … (Es wurden keine Medien vorgegeben)

Der Standard	37%
ORF gesamt	29%
heute	22%
Servus TV	21%
Die Presse	13%

Quelle: Eigene Darstellung; Nennungen in %

Von den Befragten wurden auf ihrer persönlichen Top-3-Liste noch Dutzende weitere Medientitel und -marken angeführt – jedoch schon mit gehörigem Abstand zu den fünf am häufigsten Genannten.

Dies ergibt damit jedenfalls eine interessante Momentaufnahme von Österreichs Medienmanagerinnen und Medienmanagern zu den Perspektiven ihrer Branche: Im digitalen Feld wird das frühe und bis heute breite Engagement des Online-*Standard* gewürdigt und auch vom Printprodukt und der Gesamtmarke im Qualitätssegment Bedeutungszuwachs erwartet. Bei der *Presse* dagegen wird das Online-Engagement von der Branche kaum als für die Zukunft bedeutsam wahrgenommen.

Die häufige Nennung der Gratiszeitung *heute* ist umso interessanter, weil gleichzeitig gerade einmal vier der befragten Managerinnen und Manager die so lange als ehernes Erfolgsmodell geltende *Kronen Zeitung* auf ihre Liste zukunftsweisender Medientitel gesetzt haben. Offensichtlich werden *heute* als Gratiszeitung im privilegierten Stiftungsbesitz im Umfeld von *Krone*-Verlegerfamilie und SPÖ Wien mehr Perspektiven gegeben als dem ein halbes Jahrhundert alten Boulevardblatt. Es hat in der Einschätzung der Managerinnen und Manager weiter größte Bedeutung beim aktuellen, politischen Agenda-Setting (siehe Kapitel „Die neue Transparenz" von Andy Kaltenbrunner, S. 118f.) – als Vorbild für Zukunftsplanung gilt ihnen die *Kronen Zeitung* aber nicht.

Der *ORF*, von Gerd Bacher seinerzeit als Österreichs „größte Medienorgel" definiert, wird als Marke einige Male genannt, das Befragungsresultat ergibt sich aber als Summe vieler angeführter Kanäle, denen Bedeutungsgewinn vorausgesagt wird. Einige Medienmanager glauben etwa an Perspektiven von *Ö1* als öffentlich-rechtlichem Qualitätsanker im Hörfunk, andere versprechen *orf.at*, dem größten Informationsanbieter im Web, Bedeutungsgewinn. Erst danach rangieren die TV-Kanäle des *ORF*. Hier spiegelt sich im größten Medienunternehmens des Landes wider, was Medienmanager anscheinend generell zur Zukunftsfähigkeit der etablierten Marken annehmen: An „Bedeutung gewinnen" werden jene, die sich entweder in einem Qualitätssegment solide positionieren können oder die Innovation und neue digitale Dimensionen mit Reichweite einbringen.

Als künftig wichtigster Konkurrent des in TV-Reichweiten deutlich dominierenden *ORF* (36 % Marktanteil 2012) wird dann just der kleinste und jüngste Privatsender am österreichischen Markt gesehen: Der Imageaufbau von *Servus TV* (mit nur knapp mehr als 1 % Reichweite 2012) hat auch bei den Medienmanagerinnen und -managern geklappt. Jeder Fünfte von ihnen sagt spontan, dass das TV-Projekt des Red-Bull-Eigentümers Dietrich Mateschitz „wesentlich an Bedeutung" gewinnen wird.

Solches Potenzial hatte die Gruppe schließlich zuletzt im Dezember 2012 bei der medialen Inszenierung eines „Stratosphärensprungs" des Österreichers Felix Baumgartner durchaus gezeigt. Für *Servus TV* war das eine weitere Erfolgsgeschichte im Genre der für Red Bull Marko ting geförderten extremen Sportarten. Auch für den Rechteeinkäufer des *ORF* in Österreich war die Übertragung durchaus sinnvoll. Aufstieg und Fall – 19 Kilometer tief – des Felix Baumgartner: Das war 2012 jene Übertragung mit den meisten Zusehern des Jahres. International und crossmedial, von *Facebook* bis Fernsehen, war das Ereignis jedenfalls ein Lehrstück dafür, wie im 21. Jahrhundert mediale Aufmerksamkeit erreicht wird. Mehr als 30 Millionen Abrufe hatte alleine das von Red Bull produzierte, zusammenfassende 1,30-Minuten-Kurzvideo auf *YouTube* zum Jahresende 2012 erreicht. Das Medienereignis 2012 kann selbst aber auch metaphorisch gesehen und es darf gefragt werden: Brachte der tiefe Fall des Stuntman nebst weltweit aufgeregter Kurzweil auf vielen Kanälen auch Fortschritt und neues Wissen? Ist alles Neue auch innovativ und alles Innovative ein Gewinn?

Diese Frage stellt sich bei jeder technischen Neuerung, die zuletzt die Massenkommunikation so rasch verändert und die Welt digital neu vermessen hat. Marcuse (1964) hielt vor einem halben Jahrhundert dazu fest: „Technik als solche kann nicht von dem Gebrauch abgelöst werden, der von ihr gemacht wird" (Marcuse 1994/1964: 18).

Literatur

a3boom (2012), 7–8/2012. S. 16ff.

Breunig, Christian (2000): Programmbouquets im digitalen Fernsehen. In: Media Perspektiven, 9/2000. S. 378–394. http://www.media-perspektiven.de/uploads/tx_mppublications/09-2000_Breunig.PDF (Stand: 27.03. 2013).

Buhse, Malte/Kremers, Patrick (2012): Wer sterben und wer überleben wird http://www.zeit.de/wirtschaft/unternehmen/2012-11/Tageszeitung (Stand: 30.01. 2013).

Carvajal, Miguel/García-Avilés, José/Meier, Klaus/Kaltenbrunner, Andy/Kraus, Daniela (2009): Newsroom Integration in Austria, Spain and Germany: Models of Media Convergence. In: Journalism Practice, 3/2009.

Cottle, Simon/Ashton, Mark (1999): From BBC newsroom to BBC newscentre. On changing technology and journalistic practices. In: Convergence, 5/1999. S. 22–43.

De Benedetti, Carlo (2013): Un paywall per La Repubblica, 06.12. 2012. http://punto-informatico.it/3665601/PI/Brevi/de-benedetti-un-paywall-repubblica.aspx (Stand: 10.02. 2013).

Doctor, Ken (2013): The newsonomics of zero and The New York Times. http://www.niemanlab.org/2013/02/the-newsonomics-of-zero-and-the-new-york-times/ (Stand: 27.03. 2013).

Eigner, Christian (2002): Content und sein Context: Vom Text zur Ware mit Informationsgehalt. In: Karmasin, Matthias/Winter, Carsten (Hg.): Mediale Mehrwertdienste und die Zukunft der Kommunikation: Eine fächerübergreifende Orientierung. Westdeutscher Verlag. Wiesbaden. S. 137–142.

Fidler, Harald (2012): Medientransparenz: 37,3 Millionen für Werbung – fast neun Millionen von Wien. http://derstandard.at/1355459764655/Medientransparenz-323-Millionen-fuer-Werbung-in-einem-Quartal-gemeldet (Stand: 01.02. 2013).

García-Avilés, José/Bievenido, Alberto Leon/Karen, Sanders/Harrison, Jackie (2004): Journalists at Digital Televisions Newsrooms in Britain and Spain: Workflow and Multi-skilling in a Competitive Environment. In: Journalism Studies, Vol. 5, 1/2004. S. 87–100.

Gomez, Miguel Vázquez (2012): eigenes Interview, geführt im Februar 2012.

Gröbel, Jo/Brockmeyer, Dieter (2006): Digitalisierung der Medien in Europa. In: Digitalisierung der Medien in Europa, Fakten und Bewertungen. S. 4 online abrufbar unter: https://www.rtr.at/de/komp/DigitalisierungEuropa/Digitalisierung_der_Medien_in_Europa.pdf (Stand: 27.03. 2013).

Hitz, Martin (2012): NZZ-Paywall. http://www.medienspiegel.ch/archives/004306.html, 03.10. 2012 (Stand: 14.03.2013).

Horizont (2013): HORIZONTvideo: „Der Standard". http://www.horizont. at/home/detail/horizont-video-der-standard.html (Stand: 27.03. 2013).

Hövel, Jörg auf dem (2003): Gute Stimmung im Tal der Tränen. http://www.heise.de/tp/artikel/14/14927/1.html 2003 (Stand: 28.02. 2013).

Kaltenbrunner, Andy/Meier, Klaus/García-Avilés, José/Kraus, Daniela/ Carvajal, Miguel (2009): Newsroom-Konvergenz in Tageszeitungen im internationalen Vergleich. In: Stark, Birgit/Magin, Melanie (Hg.): Die österreichische Medienlandschaft im Umbruch. Relation: Beiträge zur vergleichenden Kommunikationsforschung, N. F., Band 3. Verlag der österreichischen Akademie der Wissenschaften. Wien. S. 261–292.

kultur.montag (2013), ORF2, Ausstrahlungsdatum: 28.01. 2013, 22.30h.

Marcuse, Herbert (1964/1994): Der eindimensionale Mensch. dtv. München.

Meier, Klaus (2010): Crossmedialer Journalismus. Eine Analyse redaktioneller Konvergenz. In: Hohlfeld, Ralf /Müller, Philipp/Richter, Annekathrin/Zacher, Franziska (Hg.): Crossmedia – wer bleibt auf der Strecke? Beiträge aus Wissenschaft und Praxis. LIT Verlag. Münster. S. 94–110.

Meier, Klaus/Kaltenbrunner, Andy (2013/in Vorbereitung): Covergent Journalism. In: Diehl, Sandra/Karmasin, Matthias (Hg.): Media and Convergence Management. Springer. New York u. a.

Meyer, Philip (2009): The Vanishing Newspaper, Saving Journalism in the Information Age. Updated second edition. University of Missouri Press. Missouri.

Michalski, Oliver (2013): eigenes Interview, geführt im Jänner 2013.

Moser-Holding (2012): Presseaussendung vom 11.12. 2012, online abrufbar unter: http://www.moserholding.com/news/news. php?newsid=104 (Stand: 27.03. 2013).

Newsosaur (2013): Newspaper audience aged severely since 2010 http://newsosaur.blogspot.com.es/2013/01/newspaper-audience-aged-severely-since.html (Stand: 08.02. 2013).

Nowak, Rainer (2012): Die eitle Ente vom Ende der Zeitungen. In: Die Presse, http://diepresse.com/home/meinung/kommentare/leitartikel/1316299/Die-eitle-Ente-vom-Ende-der-Zeitungen 24.11. 2012 (Stand: 27.03. 2013).

Picard, Robert G. (2011): Mapping Digital Media: Digitization and Media Business Models. Open Society Foundations. London.

PriceWaterhouseCoopers (2009): OECD-Daten basierend auf Erhebungsdaten von PriceWaterhouseCoopers Moving into multiple business models: Outlook for Newspaper Publishing in the Digital Age.

Renger, Rudi/Fabris, Hans Heinz/ Rauchenzauner, Elisabeth (2006): Generalisten oder Spezialisten. Wie viel Fach braucht der Journalismus? Kuratorium für Journalistenausbildung. Salzburg.

RTR(2013):Veröffentlichunggemäß§3Abs.3MedKF-TG.InhaltederMeldungen gemäß MedKF-TG für das 4. Quartal 2012. https://www.rtr.at/de/m/veroeffentl_medkftg_daten/Veroeffentlichung_3Abs3MedKFTG_Q4_2012.pdf (Stand: 21.03. 2013).

Russ-Mohl, Stephan (2009): Kreative Zerstörung. Niedergang und Neuerfindung des Zeitungsjournalismus in den USA. UVK Verlagsgesellschaft mbH. Konstanz.

Seebacher, Rainer (2011): Geduldsspiel. In: trend-Bestseller, Medien-Spezial 2011. S. 40.

Smurl, Paul (2012): eigenes Interview, geführt im Oktober 2012.

Thurnher Armin (2012): Dead Men Talking. Zeitungskrise und Medienförderung. In: Falter, 48/2012. S. 5.

Unterhuber, Wolfgang (2011): Editorial. In: WirtschaftsBlatt, 19.08. 2011. S. 2.

van den Bulck, Hilde/Tambuyzer, Sil (2013): Collisions of Convergence: Flemish newspaper's and management's perceptions of the impact of PSB newsroom integration on journalistic practices and identities. International Communication Gazette, 75/2013. S. 54.

VÖZ (2013): Dänische Presseförderung ist Benchmark für uns. http://www.voez.at/b1460m10 (Stand: 01.02. 2013).

Wallner, Anna-Maria (2012): Wie viel Wahrheit verträgt der ORF? In: Die Presse, http://diepresse.com/home/kultur/medien/1290025/Wie-viel-Wahrheit-ertraegt-der-ORF?from=suche.intern.portal 14.09. 2012. (Stand: 27.03. 2013).

Winterbauer, Stefan (2010): Döpfner: „Beten und Steve Jobs danken". http://meedia.de/internet/doepfner-beten-und-steve-jobs-danken/2010/04/08.html (Stand: 27.03. 2013).

Kommentar: Peter Kropsch
Mit Trial and Error Richtung Zukunft

Innovation ist irgendwie eine biblische Aufgabe. So wie Moses sein Volk in ein neues, ressourcenreiches Land geführt hat, müssen Medienmanager und Medienmanagerinnen danach trachten, ihre Medienmarken in Marktbereiche zu bewegen, in denen sich qualitätsvolle journalistische Produkte langfristig wirtschaftlich betreiben lassen. Nur wird man sich mit der Suche wohl nicht wie Moses 40 Jahre Zeit lassen können.
In Zeiten des Wandels ist Innovation die einzig langfristig wirkende Lebensversicherung. Betrachten wir die aktuellen Entwicklungen in den Medien und in ihrem Umfeld, stoßen wir rasch auf die Treiber des Wandels:

* Technologischer Fortschritt
* Änderung des Nutzungsverhaltens unserer Zielgruppen
* Wettbewerb um Geschäftsmodelle, befeuert vor allem durch global tätige Mitbewerber
* Allgemeine wirtschaftliche Lage

Der Einflussfaktor „allgemeine wirtschaftliche Entwicklung" ist dabei als Stellschraube zu sehen: Je schlechter das wirtschaftliche Umfeld ist, als desto schärfer, drückender und bedrohlicher werden die übrigen genannten Determinanten empfunden.
Welche Arten von Innovation helfen uns nun, diese Faktoren auszusteuern und zu nutzen?
Die *APA* selbst ist in besonderem Maß auf laufende Innovation zur Erweiterung, aber auch zur Erneuerung von Geschäftsfeldern angewiesen. Das traditionelle Kerngeschäft von Nachrichtenagenturen – Nachrichten für Medien – „lebt" praktisch ausschließlich vom Verkauf von Nutzungsrechten für Information. Dieses Kerngeschäft schrumpft beständig und muss permanent um neue Bereiche ergänzt werden. Kaum eine Nachrichtenagentur in Mitteleuropa wäre ohne die Entwicklung neuer Geschäftsfelder langfristig lebensfähig. Ähnliches gilt für alle traditionellen Medien, deren etablierte Produkte inzwischen zum Schrecken des Managements zur „legacy media" geworden sind, wie Andy Kaltenbrunner im vorangegangenen Kapitel beschreibt. Innovationsmanagement, um diese Geschäftsfelder systematisch zu suchen und zu erschließen, halte ich daher für eine zentrale Führungsaufgabe für alle Unternehmen im Sektor Medien.
Die *APA* hat sich in den letzten Jahrzehnten von der Nachrichtenagentur zu einem vielfältigen Dienstleister für Medien insbesondere im digitalen Raum entwickelt. In der Folge versuche ich einige Erkenntnisse

zusammenzufassen, die sich aus gelebtem Innovationsmanagement im Dialog mit unseren Medienkunden ableiten.

Innovationsstrategie: Be Prepared!

Eine grundlegende Erkenntnis zieht sich durch alle Erfahrungen: Die Prognose, welche Geschäftsmodelle mittelfristig die langjährigen Erfolgsmodelle in Print und Rundfunk ablösen sollen, ist angesichts von Umfang und Geschwindigkeit des Wandels hochgradig unsicher. Für Medienunternehmen ist der Königsweg in die digitale Zukunft vorerst nur ungefähr auszumachen. Für die Innovationsstrategie gilt es daher, eher alle relevanten Felder zu besetzen, denn sich voll und ganz auf einzelne Innovationsthemen zu konzentrieren. Dieses Besetzen aller relevanten Felder ist insbesondere für kleinere Medienhäuser schwer finanzierbar. Mit dem Bedarf nach Innovation geht daher der Bedarf nach höchster Effizienz und nachhaltiger Finanzkraft einher.

Dem Faktor Zeit kommt in einem Ambiente des rapiden Wandels eminente Bedeutung zu. In der *APA* gibt es den schönen Spruch „Wir irren uns nie, nur auf der Zeitachse". Im Vorteil sind dabei Organisationen, die Innovationszyklen kurz halten können. Ansonsten könnten die Grundannahmen, die dem Investment zugrunde gelegt wurden, bei Marktreife des Produkts schon nicht mehr gültig sein. Von Vorteil ist dabei auch, die eingesetzten Mittel so flexibel zu halten, dass sie im Falle eines Misserfolgs rasch wieder von diesem abgezogen werden können. „Be Prepared" lautet somit der Strategieansatz für die aktuellen Rahmenbedingungen.

Prinzip Exploration – Exploitation

Exploration, also qualifizierter Trial and Error, hat im aktuellen Innovationsmanagement hohen Stellenwert. Sich dies leisten zu können, ist Voraussetzung. Innovation im digitalen Raum lässt sich nach unserer Erfahrung nicht durch und durch planen. Nur qualifizierter Trial and Error sorgt für eine genügende Anzahl an innovativen Produkten, die den Nutzer mit seinem sich ändernden Verhalten zur richtigen Zeit „abholen". Gleichzeitig muss das Management die Kraft haben, nicht erfolgreiche Trials auch wieder abzustellen.

Finanziert werden muss Trial and Error aus den Gewinnen des traditionellen Kerngeschäfts. Dafür müssen die Kernprozesse mit aller Kraft auf höchste Wirkung getrimmt werden. Dieser „Exploitation"-Ansatz kann sich keine Ineffizienzen leisten. Es ist die Aufgabe des Medienmanagements, die Kernprozesse stets so fit zu halten, dass sie die wirtschaftlich aufwendigen Aktivitäten für die Exploration finanzieren können.

Prozesse auf dem Prüfstand

Innovationen finden derzeit vielfach in Gestalt einer Verjüngung traditioneller Prozesse statt. Die Nutzer von Medien, die im Printzeitalter
sozialisiert worden sind, werden noch viele Jahre ein bestimmender
Bestandteil unseres Geschäfts sein. Nur werden sie unsere Produkte
ohne zeitliche und räumliche Einschränkungen nutzwertorientiert mul-
timedial angereichert und dazu im Austausch mit anderen konsumieren
wollen. Dies bedingt die Aufbereitung unserer jahrzehntelang erfolgreichen Produkte und deren Weiterentwicklung für multiple, digitale Plattformen, ohne dabei ihre Dramaturgie und ihren Charakter zu verlieren.
Dagegen wird die „Millenial Generation" als zweiter großer Adressat
völlig neue Erfahrungswelten benötigen, um Medienmarken zum fixen
Bestandteil ihres Lebens zu machen.

Nicht zu unterschätzen ist in diesem Zusammenhang die Rolle des neu-
en, Print- und Digitalaktivitäten übergreifenden Kollektivvertrags. Damit
wird arbeitsrechtlich ermöglicht, was seit einigen Jahren bereits Anforderung des Markts ist: die Kombination von analogen und digitalen
Angeboten aus „einem Guss" bereits in der Produktion
Die formatübergreifende Zusammenarbeit in den Redaktionen sollte zu
wesentlich effizienteren Abläufen in der Inhalteproduktion führen. Redaktionen sollten damit mehr Kapazität für exklusive Inhalte, multime-
diale Darstellung, soziale Vernetzung sowie Anreicherung mit Metada-
ten haben. Welche Inhalte die in zehn Jahren zentrale Kaufgruppe der
„Millenial Generation" begeistern werden, steht in den Sternen – Trial
and Error wird die Antwort liefern. Jedenfalls werden diese Inhalte alle
Arten von Plattformen komplett individualisierbar bespielen müssen.

Nutzung von Technologie als aktiver Faktor

Andy Kaltenbrunner hat sich in seinem Beitrag verdienstvoll mit inhalt-
lichen Innovationen sowie dem Thema Konvergenz und Crossmedia
auseinandergesetzt. Ich möchte ergänzend die tendenziell unterschätz-
ten Technikaspekte einbringen.

Unter den Treibern des Wandels ist Technologie der einzige Faktor, den
sich ein Medienunternehmen aktiv zunutze machen kann. Alle anderen
Faktoren zwingen ausschließlich zum Reagieren. Zudem werden neue
Geschäftsmodelle in vielen Fällen erst durch neue Technologien überhaupt möglich. Eine ausformulierte Technikstrategie schlägt sich ganz
eindeutig in gesteigerter Handlungsfähigkeit nieder.

Technik soll uns ermöglichen, unsere Geschäftsprozesse so einfach
und billig als möglich wirkungsvoll zu erledigen. In Zeiten rapiden Wandels muss unsere Technologie besonders flexibel und anschlussfähig

sein. Betrachten wir das durch Tablet-Technologien entstandene Geschäftsfeld, so hatten wir zu Beginn ausschließlich Apples Betriebssystem iOS und den Anschluss an Apples App Store mit seinem Ecosystem zu bewältigen. Heute, einige wenige Jahre später, haben sich die Betriebssysteme um Android, Windows 8 erweitert. Auch nur die wichtigsten Kanäle bedienen zu wollen, bedeutet einigen Aufwand für ein insgesamt noch sehr kleines Geschäft.

Das Umsetzungspotenzial liegt unter der „Motorhaube"

Der „Magic Quadrant", eine Struktur zur Klassifizierung von Technologieanbietern entwickelt von der US-amerikanischen Gartner Consultingfirma, zeigt die Achsen „Completeness of Vision" und „Ability to Execute". Ich halte diesen Ansatz für Medien gut anwendbar. An Visionen, bereitgestellt von einer Vielzahl kreativer Köpfe in unseren und rund um unsere Medienunternehmen, herrscht kein Mangel. Die „Ability to Execute" oder vielmehr ihr Fehlen führt innovative Konzepte häufig ganz rasch zur „Stunde der Wahrheit".

Technische Infrastrukturen spielen dabei eine wesentliche Rolle, weil sie entscheiden, wie flexibel sich eine Medienmarke auf sich ändernde Anforderungen einstellen kann. Dabei geht es nicht nur um das Investment an sich. Technische Infrastrukturen haben es an sich, Ablaufprozesse „einzubetonieren". Leider eben nicht nur die funktionierenden.

Um das Innovationspotenzial von Medienunternehmen beurteilen zu können, sind daher unserer Erfahrung nach weniger die sichtbaren Anwendungen geeignet, sondern eher der Blick auf die Basissysteme, also „unter die Motorhaube":

- Sind Content-Management-Systeme geeignet, die erforderliche Anzahl an Web- und Mobile-Oberflächen ohne Mehrfachaufwand in der Produktion zu bespielen?
- Sind die Daten so abgelegt, dass alle am redaktionellen Produktionsprozess Beteiligten egal für welchen Ausspielkanal vorhandene Quellen gleichermaßen nutzen können? Dies gilt auch für Inhalte, die aus der eigenen Produktion kommen.
- Sind Content-Management- und ERP-Systeme in der Lage, neue Geschäftsmodelle zu unterstützen, sie ohne großen Aufwand zu launchen und auch wieder zu beenden?
- Basiert die technische Infrastruktur auf zukunftssicheren Komponenten bzw. stammt sie von Lieferanten, die es in einigen Jahren höchstwahrscheinlich noch immer geben wird?
- Sind die Systeme in der Lage, Open-Source-Komponenten einzubinden?

- Sind die technischen Systeme flexibel genug, damit die Organisation nicht an dysfunktionalen Prozessen und Services „hängen bleibt"?
- Hat die Organisation Mitarbeiter und/oder Partner, die diese Komplexität effizienzorientiert bewältigen können?
- Gibt es Prozesse, über die das Medienunternehmen in der Lage ist, auch Kleinstbeträge verrechnen und ausschütten zu können?

Können diese Fragen mit „ja" beantwortet werden, haben die visionären Kräfte unter den Medieninnovatoren das richtige Klavier, um ihre Zukunftsmusik zu spielen. Somit bleibt nur noch die Bewältigung der Königsdiziplin im Innovationsmanagement: das Entwickeln neuer Geschäftsmodelle.

Innovation im Geschäftsmodell am Beispiel Paid Content

Vor fünf Jahren auf der Bühne eines Medienkongresses zu sitzen und Paid Content als Strategie zu vertreten, grenzte zu dieser Zeit an Heldenmut. Heute ist er eine der wesentlichen Hoffnungen zur Erhaltung der Finanzierungskraft für qualitätsvollen Journalismus.

Eine Zeit lang sah es so aus, als ob der Druck auf die Inhalteanbieter verlegerischer Herkunft nach der Entwicklung von Paid-Content-Lösungen durch das Anzapfen alternativer Geldquellen, namentlich durch Einführung eines Leistungsschutzrechtes, gemildert werden könnte. Ziel sind vor allem Suchmaschinenbetreiber als dominante, globale Mitbewerber, die mittlerweile international 40 bis 50 % des jeweiligen Digitalwerbemarkts auf sich vereinigen. In Deutschland wird die entsprechende Gesetzesregelung nun in Kraft treten. Man darf gespannt sein, wie viel Geld aus diesem Titel nun wirklich fließen wird und wie die Verteilung dahinter aussieht. Größter Unsicherheitspunkt ist dabei wohl die schwammige Formulierung, bis zu welcher Länge Textsnippets nun wirklich frei verwendbar sind. Für Diskussion ist jedenfalls gesorgt. Dienste wie *Flipboard*, die Zusammenstellungen ganzer Textteile liefern, fallen ziemlich eindeutig unter diese Regelung – und das eröffnet Chancen. Einzelne Medien wie die *New York Times* haben mit *Flipboard* bereits kooperative Geschäftsmodelle entwickelt. Vielleicht ist dies ja auch ein Ansatz für die Suchmaschinenfirmen.

Es scheint aber immer klarer, dass die Entwicklung von Paid-Content-Lösungen eine Schlüsselfrage für die Refinanzierung von hochwertigen journalistischen Angeboten sein wird. Über den Geldwert werden Exklusivität der Inhalte und bequeme Verfügbarkeit entscheiden. Ebenso werden Innovationen in den entsprechenden Systemen und Geschäftsmodellen greifen müssen. Redaktionen, Management und IT-Abteilungen sind gleichermaßen gefordert, um zu entsprechenden Angeboten zu kommen.

Innovation und Kollaboration

Die Innovationskraft des Geschäftsmodells Paid-Content-Lösungen liegt vielfach im Nutzen des Potenzials zur Zusammenarbeit zahlreicher Marktteilnehmer. Denn in digitalen Märkten werden „kleinere Brötchen" gebacken, davon aber viele. Die für kleine Losgrößen notwendigen Payment-Lösungen sind ebenso aufwendig wie ungeeignet, Alleinstellungen aufzubauen. Sie müssen bloß funktionieren. Payment-Lösungen mit minimalem Aufwand zu fahren, gilt deshalb als ein Gebot der Stunde, da neue Bezahlinhaltsangebote definitiv längere Zeit zur Marktdurchsetzung brauchen werden. Gern zitierte Beispiele wie *New York Times* oder *Financial Times*, die ihre Paid-Lösungen rasch in die Gewinnzone geführt haben, sind jeweils Weltmarken und skalieren schon rein über die Menge. Auch reicht der Lernprozess hier oft Jahre in die Vergangenheit. Andere Beispiele wie Marco Arments *The Magazine* sind autorengetriebene Miniprojekte und können nur bedingt als Schablone dienen.

Einen bemerkenswerten Ansatz für Paid Content verfolgt das slowakische Unternehmen *Piano Media* mit seiner Shared Paywall. Grundidee ist, dass mehrere Medien gemeinsam bestimmte Teile ihrer Produktion oder Funktionalität hinter eine Paywall stellen. Zugang zu diesen vergebührten Bereichen kann auf jeder teilnehmenden Site für all diese Bereiche gemeinsam erworben werden. Dies erhöht den Kundennutzen und minimiert den Payment-Aufwand, der speziell bei kleinen Beträgen – wir sprechen hier von zwei bis sieben Euro – Geschäftsmodelle schon mal zum Kippen bringen kann.

Mit dem digitalen Newsstand www.kiosk.at, auf dem digitale Ausgaben von Printmedien angeboten werden, hat die *APA* gemeinsam mit dem Verband Österreichischer Zeitungen ein Experiment gestartet, das aufgrund des Aufwands und der langsamen Amortisation für keinen einzelnen Verlag allein attraktiv genug zur Durchführung gewesen wäre. Bezeichnenderweise sind die Konkurrenten von kiosk.at entweder riesige Verlage wie Axel Springer oder technologiegetriebene Anbieter, für die Inhalte zunächst lediglich Mittel zum Zweck sind und die den Anteil von Inhalten am Wertschöpfungsprozess dementsprechend gering halten. Mit kiosk.at ist es gelungen, den gesamten österreichischen Tageszeitungsmarkt auf einer gemeinsamen Plattform zu vereinigen. Nach dem Start als Einzelverkaufsplattform bietet kiosk.at die Gelegenheit zur Entwicklung neuer Geschäftsmodelle. Anfang 2013 fand der Roll-out als „Digitaler Lesezirkel" statt. Hier werden die Publikationen auf kiosk.at in WLAN-Hotspots wie Büchereien und Kaffeehäusern zur Nutzung freigeschaltet. Die Publikationen können ausschließlich am

Hotspot genutzt werden, ein Download ist nicht möglich. Der Betreiber der Location bezahlt eine Flat Fee. Der technische Aufwand des Betriebs ist minimal. Dadurch ist das Modell frei zu skalieren.

Zusammenfassend muss angemerkt werden, dass wir uns derzeit eindeutig mehr mit Hypothesen befassen, wo die Entwicklung nachhaltig qualitätsvoller und wirtschaftlich tragfähiger journalistischer Produkte hinführen wird, als mit gesicherten Thesen. Medienunternehmen müssen sich viele Optionen offen lassen und sich finanziell so aufstellen, dass eine mehrjährige Phase der Suche nach nachhaltigen Geschäftsmodellen durchgestanden werden kann.

Um beim anfänglichen Bild des Auszugs aus Ägypten und der Suche nach dem gelobten Land zu bleiben: Eine Situation muss immer erst unerträglich werden, bevor wir aufhören, uns an vergangene Erfolge zu klammern und zu neuen Ufern aufbrechen. Dieses Stadium ist eindeutig erreicht. Nun sind die Innovatoren am Zug.

Kommentar: Gerlinde Hinterleitner
Warum Innovation schwerfällt

Alle wollen innovativ sein, nur wenige sind es. Alle wollen den Transfer vom traditionellen Medienhaus in die digitalisierte Welt überleben, nicht alle werden das jedoch tun. Alle sollten wissen, dass tief greifende Änderungen in Redaktionen, Produktions- und Vertriebsprozessen unabdingbar sind, doch nur wenige setzen sich strategisch damit auseinander oder lassen ihren Erkenntnissen auch Taten folgen.

Hektisch versuchen dagegen Medienunternehmen, alte Geschäftsmodelle zu retten, journalistische Dogmen zu bewahren und vor einschneidenden Veränderungen die Augen zu verschließen. Das betrifft nicht nur österreichische Medienhäuser. Hier ist es allerdings leichter, weil der spezifische heimische Markt bewirkt, dass Trends später ankommen und durch die Unterstützung der öffentlichen Hand noch abgeschwächt werden. Wie Andy Kaltenbrunner im Kapitel „Innovativ? Ja, aber" beschreibt, senkt das hohe Maß an Konzentration der Eigentümerschaft im Printmarkt den unmittelbaren Konkurrenzdruck und österreichische Besonderheiten wie langfristige Aboverträge verzögern Rückgänge im Vertrieb. Außerdem bringt die Kleinheit des Markts zusätzliche Schwierigkeiten bei der Transformation in eine digitale Medienwirtschaft, da Investitionen oft kaum zurückverdient werden können.

Entscheidungen, die kannibalisieren

Mitarbeiter und Mitarbeiterinnen in Medienunternehmen, die die Notwendigkeiten erkennen und ein schnelleres Umdenken ihrer Führungskräfte fordern, sind oft mit ängstlichen, falschen oder gar keinen Entscheidungen konfrontiert. Gefragt wären nämlich Entscheidungen, die in Zukunft die größeren Chancen bieten, aber möglicherweise das laufende Geschäft kannibalisieren.

Vor einem guten Jahrzehnt beispielsweise hätten sich Medienhäuser entscheiden müssen, in Rubrikenmärkte und Kleinanzeigen im Internet zu investieren. Das hätte allerdings bedeutet, die eigenen Anzeigenmärkte für Jobs, Immobilien und Autos in den gedruckten Ausgaben zu konkurrenzieren mit einem billigeren und für Kunden besser nutzbaren Angebot. Das wollten die wenigsten Verleger tun, und so werden diese Märkte mittlerweile beherrscht von Unternehmen, die kein journalistisches Angebot mitfinanzieren, die ausschließlich im Internet agieren und Telekommunikationsunternehmen, Banken oder sonstigen verlagsfremden Eigentümern gehören.

Verlage, die erkannt haben, welche Fehleinschätzung es war, nicht frühzeitig in digitale Produkte zu investieren, kaufen sich jetzt teuer in erfolgreiche Portale ein. Kleinanzeigen- und Rubrikenmärkte sind immer mehr und zum Teil schon komplett ins Internet abgewandert, die Zeitungen haben nicht nur Umsätze verloren, sondern ein gesamtes Geschäftsfeld.

Gleichzeitig Neues auf den Weg bringen

Die aktuellen Umwälzungen bedeuten, dass die Medienbranche gleichzeitig zwei Ziele verfolgen muss. Einerseits sollen durch laufende Verbesserungen und Effizienzsteigerungen immer interessantere und billiger produzierte Zeitungen, Zeitschriften und Fernsehsendungen angeboten werden, andererseits soll mit dem Internet ein völlig neues Medium gestaltet, finanziert und vermarktet werden. Das Verhältnis zwischen Leser und Journalist ist deshalb neu zu definieren. Die Branche muss Geschäftsmodelle entwickeln, die in der digitalen Medienwelt Erfolg versprechend sind. Und sie muss ständig publizistische Chancen erkennen, wahrnehmen und sinnvoll einsetzen, die sich aus dem technologischen Fortschritt ergeben.

Leser und Leserinnen wissen nicht, was sie brauchen können

Wenn wir unsere Leser und Leserinnen der Tageszeitung 1994 oder 1995 gefragt hätten, ob sie gerne Nachrichten am Computer lesen möchten, um herauszufinden, ob wir in Online-Medien investieren sollen, hätte uns das Ergebnis sicher davon abgehalten, das zu tun. Wenn wir die Werbewirtschaft hätten entscheiden lassen, ob sie so etwas Kompliziertem, Aufwendigem und Anstrengendem wie Online-Werbung eine Chance geben würde (wir haben gefragt, die Antwort war entmutigend), hätten wir auch nur den Gedanken an einen „Return of Investment" sofort abgeschrieben. Trotzdem haben es einige gewagt, früh und nachhaltig zu investieren, und die Entwicklung der vergangenen 15 Jahre gibt den Wagemutigen recht.

In den USA hat das Internet bereits 2009 die Tageszeitungen als Nachrichtenquelle überholt. Die Verbreitung von Smartphones und zukünftige technische Entwicklungen werden den Stellenwert der Echtzeitmedien weiter steigern und sie zum vorrangigen Nachrichtenmedium weltweit machen. *Google* generiert in den USA seit einigen Jahren mehr Umsatz als alle Printmedien und deren Online-Ausgaben zusammen. Ebenfalls 2009 hat die Online-Werbung in Großbritannien erstmals die TV-Werbung an Umsatz übertroffen. Auch wenn die Online-Werbeausgaben in Österreich davon noch weit entfernt sind, sind diese mittlerweile eine substanzielle Einnahmequelle und dienen der Finanzierung von journalistischen Online-Angeboten.

Wir erkennen, dass es Innovationen gibt, die die Bedürfnisse von Kunden in Zukunft befriedigen werden, deren Bedarf diese Kunden aktuell aber noch gar nicht sehen und sehen können. Niemand hat nach dem iPhone oder *Facebook* oder *derStandard.at* gefragt.

Zum Scheitern verurteilt

Online-Redaktionen, Internetabteilungen oder wie immer die Organisationseinheiten in den österreichischen Medienhäusern heißen, haben in der Vergangenheit und vielfach auch in der Gegenwart nicht die Ressourcen und die Aufmerksamkeit bekommen, um ihre Ideen voranzubringen. Und warum hätten sie diese auch bekommen sollen? Es war und ist vielfach noch immer gewinnbringender für Führungskräfte, Redakteure und Verkäufer, ihr Wissen, ihre Erfahrung und ihre Zeit in das etablierte Medium zu stecken. Warum eigentlich?

Die Redakteure und Redakteurinnen bekommen nach wie vor mehr Geld, mehr Reputation und mehr interne Aufmerksamkeit, wenn sie einen Printartikel verfassen, als wenn sie online-adäquat publizieren, sich mit Usern auseinandersetzen und sich von diesen bei der Aktualisierung der Nachrichtentexte zuschauen lassen müssen. Und der Verkäufer verdient sein Geld wesentlich einfacher, wenn er dem Kunden ein Printwerbeformat anbietet statt einer Online-Mutation, die zielgruppengesteuert, mit wechselnden Sujets und mit interaktiven Elementen arbeitet.

Auch Medienmanager und Medienmanagerinnen basteln erfolgssicherer an der Verbesserung der Zeitung, die noch immer den überwiegenden Teil des Umsatzes ausmacht, als sich mit für sie unverständlichen und ständig wechselnden Herausforderungen der Online-Welt auseinanderzusetzen. Solange es aber finanziell attraktivere Alternativen gibt, werden Mitarbeiter sich eher dort engagieren und sich nicht in Online-Projekten quälen, bei denen von vornherein klar ist, dass sie erfolglos sein werden, wenn sie mit so wenigen Ressourcen ausgestattet sind.

Ausgliedern als Erfolgsfaktor

Die Gründung eines eigenen Unternehmens und einer eigenständigen Online-Redaktion hat beim *Standard* Rahmenbedingungen geschaffen, durch die sich Chancen schneller erkennen ließen und gute Ideen ohne große Hürden umgesetzt werden konnten. Es wurde ein Entwicklungsprozess in Gang gesetzt, der Schritt für Schritt die Vision vorangetrieben hat, ein erfolgreiches Online-Medium zu schaffen. Alle Stakeholder im Unternehmen, alle Ideen und alle Erfordernisse um weiterzukommen erhielten dadurch die nötige Aufmerksamkeit und die notwendigen Ressourcen, ohne auf die Erfordernisse des traditionellen Mediums Rücksicht nehmen zu müssen. Nur so konnten wir auch Know-how aufbauen und grundlegende Erkenntnisse gewinnen, die die täglichen Entscheidungen vereinfacht und Fehlentwicklungen weitgehend vermieden haben.

Neues braucht neue Qualitäten

Lange Zeit wurden Online-Medien und Online-Journalismus von den etablierten Medienvertretern nicht ernst genommen. Das sei gar kein Journalismus, Copy-and-Paste wäre gang und gäbe, Recherche gebe es nicht, lauteten einige der immer wieder gehörten Argumente. Neu entstehende Formate wie Live-Berichte, Chats und Datenjournalismus oder gar die User-Einbindung in den journalistischen Prozess, Blogs und multimediales Erzählen wurden lange nicht wahrgenommen. Hätten die Pioniere mit dem Publizieren von Online-Medien so lange gewartet, bis sie den ausdifferenzierten Anforderungen eines traditionellen Qualitätsmediums entsprochen hätten, gäbe es sie wohl bis heute nicht. Perfektionismus kann nicht das Qualitätskriterium sein, wenn man etwas Neues ausprobiert, sondern Verständnis für die neue Technologie und die Bedürfnisse der Leser.

Vielmehr wird immer deutlicher, dass Online-Medien niemals so werden dürfen wie Zeitungen: Sie bedienen einen anderen Markt, sie müssen anderen Gesetzen gehorchen und sind per se etwas Neues. Wer auch immer versuchen will, all das aufs Netz zu übertragen, was sich in den vergangenen Jahrzehnten als richtig, notwendig und Erfolg versprechend für das Zeitungsmachen erwiesen hat, wird scheitern müssen.

Online-Medien sind kein fertiges, in sich geschlossenes und komponiertes Produkt. Sie sind ein ständig sich wandelndes Programm, sie sind eine Sendung ohne Ende und Anfang, die permanent aktualisiert, verändert und kommentiert wird und mit ihren Usern in einen Dialog tritt. Der Paradigmenwechsel besteht darin, dass nicht mehr nur Journalisten und Journalistinnen jeden Tag endgültig erzählen, was passiert ist, dass nur sie recherchieren und nur sie ihre Meinung äußern. Nun schreiben, bloggen, twittern und fotografieren unzählige Personen, werten Quellen aus, decken Missstände auf und wollen mitreden und den öffentlichen Diskurs mitbestimmen.

Das trifft die ureigenste Aufgabe von Medien und Journalisten, nämlich den öffentlichen Diskurs zu organisieren, aus allem Gezwitscher und Geplapper das Relevante zu identifizieren und alle zu Wort kommen zu lassen. Damit am Ende Klarheit darüber herrscht, was geschehen ist und was geschehen soll. Darin liegt auch die besondere Chance der Medien im Web: diese gesellschaftlich notwendige Aufgabe umfassender als bisher Fernsehen, Radio und Zeitungen erfüllen zu können.

Ratlosigkeit beim Geldverdienen

Zu klären bleibt dabei die spannende Frage, wie sich Medien in Zukunft finanzieren können. Zeitungen und Zeitschriften waren über Jahrzehnte hinweg sehr erfolgreich im Geldverdienen. Medienunternehmen tun sich aber außerordentlich schwer, gewinnbringend mit digitalen Medien zu arbeiten. Sie erwecken sogar den Eindruck, kaum Ideen zu haben, wie das überhaupt funktionieren könnte. Online-Werbung alleine könne es nicht sein, sie würde zu wenig abwerfen, ist immer wieder zu hören. Das iPad, kurzzeitig als die Antwort gehandelt, scheint doch nicht alle Probleme zu lösen – was wenig überraschend ist. Paid Content soll es nun sein: Allerorts wird das bisher funktionierende Geschäftsmodell beschworen, übertragen ins digitale Zeitalter.

Geringe Erfolgschancen von Paywalls

Andy Kaltenbrunner beschäftigt sich in „Innovativ? Ja, aber" mit den sehr bescheidenen Erfolgen der westlichen Medienwelt auf der Suche nach einer einträglichen Paywall. In der Tat: Leider werden auch Paywalls keine zufriedenstellende Antwort geben, da einiges gegen sie spricht. Im Internet leiden die Medienkonsumenten nicht an Informationsdefiziten, Nachrichten sind im Überfluss vorhanden. Sollte ein Artikel hier nur kostenpflichtig zugänglich sein, wird sich der Leser einen frei zugänglichen suchen.

Ein Artikel eines General-Interest-Mediums wird in der Regel nur einmal gelesen und veraltet rapide. Nach wenigen Stunden ist er schon überholt. Die Bereitschaft, dafür zu zahlen, ist daher eher gering. Paywalls verkomplizieren den Zugang und verhindern damit auch, dass neue Leser sich mit dem Angebot vertraut machen können. Die Hauptattraktion jedes Mediums, nämlich der Inhalt, wird nur eingeschränkt präsentiert. Eine Paywall schafft so überhaupt erst die Nische für eine Konkurrenz, die ohne Beschränkung Zugang zu Inhalten anbietet. In Österreich kommt noch hinzu, dass es eine öffentlich-rechtliche Konkurrenz gibt, die ihre Nachrichtensite höchstwahrscheinlich niemals vergebühren wird.

Zu guter Letzt sind enorme technische Investitionen nötig, um die erforderliche Usability einer Paywall-Seite zu gewährleisten. Und während die Verlage über Paywalls nachdenken und diskutieren und möglicherweise falsche Entscheidungen treffen, schaffen *Facebook*, *Google* und Co. jene Werbemärkte, von denen die Verleger träumen.

Scheitern als Teil des Erfolgs

Die Gründer von *Twitter* haben viele Versuche gestartet, erst der letzte hat zu jenem Service geführt, das mittlerweile den Journalisten bei den News ernsthaft Konkurrenz macht. Bei jedem dieser Versuche haben sie etwas gelernt, es schnell wieder probiert, sind gescheitert und haben es letztendlich doch geschafft. Leider ist es nicht Teil einer Unternehmenskultur in Österreich, etwas auszuprobieren und das Misslingen nicht gleich als Scheitern einer Idee zu sehen, sondern als Erfahrung, die einen weiterbringt. Die Idee von *Twitter* war schließlich nicht die, einen Kommunikationskanal in SMS-Format zu erfinden. *Twitter* war angedacht als Werkzeug für ein Projektteam, das einen Podcasting-Dienst entwickeln wollte. Diese Kurznachrichten sollten die Teammitglieder ständig auf dem Laufenden halten. Daraus entstand *Twitter*, die ursprüngliche Idee ist nicht umgesetzt worden. Kaum vorstellbar, dass irgendjemand in Österreich ein so konfuses Unternehmen finanziert hätte.

Es gibt noch viel zu tun

Es ist erfreulich, dass viele Kollegen und Kolleginnen der Medienbranche in der Umfrage für diesen „Journalisten-Report" (siehe S. 71) *derStandard.at* als das aussichtsreichste Medium Österreichs sehen, somit als erfolgreiche Innovation und gut gerüstet für die Zukunft. Allerdings muss angemerkt werden, dass eine Innovation wie *Facebook* oder *Twitter* auch uns nicht gelungen ist.

TEIL 3: MEDIENMANAGEMENT UND ETHIK

Matthias Karmasin
Zwischen Markt und Moral

Die Frage nach der Verantwortung ist eine zentrale Frage der berufs-ethischen Verpflichtungen. Verantwortung bezeichnet aus (medien-)ethischer Perspektive die Bereitschaft, für sein Tun und Lassen und die Folgen davon einzustehen.[1] Es geht dabei nicht nur darum, wofür man sich verantwortlich fühlt, sondern auch wem gegenüber man sich ver-antwortet bzw. verantworten muss. Die Auseinandersetzung mit der Verantwortung des Medienmanagements hat in der medienethischen Debatte eine vergleichsweise geringe Tradition. Im Vordergrund der medienethischen Debatte standen einerseits vor allem professions-ethische Probleme und Fragestellungen des Journalismus und ande-rerseits die Medienkompetenz des Publikums.[2]

Im Dienste des Eigentümers

Wie wir im Rahmen dieser Studie schon beschrieben haben, be-stimmen Medienmanagerinnen und Medienmanager wesentlich die Arbeitsbedingungen und damit die Möglichkeiten für journalistische Berufsausübung. Die ethisch-moralische Kompetenz und Verantwor-tungsbereitschaft von Medienmanagerinnen und Medienmanagern hat also für die Organisation der Medienunternehmungen und für die Möglichkeit der Realisierung professionsethischer Standards entschei-dende Konsequenz. Von daher ist die Frage nach den Dimensionen der Verantwortung des Medienmanagements nicht nur von individualethi-scher Relevanz, sondern hat für die Strukturierung von Medienunter-nehmen und damit für die Produktion von Content hohe Relevanz.

---

1 Vgl. etwa Funiok/Schmälzle/Werth 1999.
2 Überblick über die Medienethik etwa bei Jarren/Weßler 1997; Rath 2000; Karmasin 1996, 2005; Thomaß 1998; Wunden 1996; Funiok/Schmälzle/Werth 1999; Schicha/ Brosda 2010.

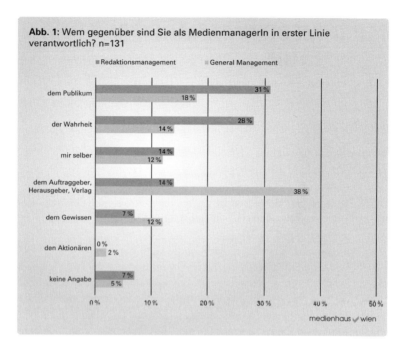

Abb. 1: Wem gegenüber sind Sie als MedienmanagerIn in erster Linie verantwortlich? n=131

In der vorliegenden Studie zeigt sich deutlich, dass sich Medienmanagerinnen und Medienmanager im Dienste des Herausgebers, des Verlags bzw. der Aktionäre sehen. Insgesamt 35 % der befragten Medienmanagerinnen und Medienmanager fühlen sich dieser Gruppe verpflichtet. Demgegenüber sehen sich in der Umfrage für die Journalismusstudie „Beruf ohne Moral", die wir im Jahr 2005 unter österreichischen Journalistinnen und Journalisten mit der identen Fragestellung durchgeführt haben, nur 3 % der Befragten dieser Gruppe verantwortlich. Genau umgekehrt sind die Ergebnisse bei der Frage nach der Verantwortung gegenüber dem Publikum. 54 % der befragten Journalisten und Journalistinnen orientieren sich in erster Linie an diesem, während dies nur 21 % der Medienmanagerinnen und Medienmanager tun. Bei anderen Fragen wie der Verpflichtung zur Wahrheit bzw. dem eigenen Gewissen gegenüber zeigen sich weniger signifikante Unterschiede.

Insgesamt verweisen diese Unterschiede deutlich auf einen professionsethischen Standard im Medienmanagement, der – wie bei Managementfunktionen in anderen Branchen auch – die Verantwortung gegenüber den Eigenkapitalgebern als zentral sieht. Im Gegensatz dazu fühlen sich Journalisten und Journalistinnen vor allem dem Publikum verpflichtet.[3] Auch wenn diese Befunde eingedenk der unterschiedlichen Sozialisationsmuster und der divergenten Rollenzuschreibungen in Medienunternehmen erwartbar scheinen, so belegen sie doch, dass Verantwortung entlang der Grenze von Redaktion und Medienmanagement durchaus unterschiedlich verstanden wird.

Aufklärung oder Gewinn – die Gewissenskonflikte des Medienmanagements

Bemerkenswert ist, dass sich Medienmanagerinnen und Medienmanager in den unterschiedlichen Verantwortungsdimensionen gegenüber den Eigentümern, dem Publikum und der Wahrheit bzw. sich selbst häufiger mit Gewissenskonflikten konfrontiert sehen, als dies bei Journalisten und Journalistinnen der Fall ist.

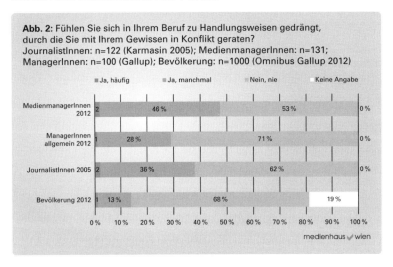

Abb. 2: Fühlen Sie sich in Ihrem Beruf zu Handlungsweisen gedrängt, durch die Sie mit Ihrem Gewissen in Konflikt geraten? JournalistInnen: n=122 (Karmasin 2005); MedienmanagerInnen: n=131; ManagerInnen: n=100 (Gallup); Bevölkerung: n=1000 (Omnibus Gallup 2012)

Immerhin 48 % der Medienmanagerinnen und Medienmanager geben an, zumindest manchmal zu Handlungsweisen im beruflichen Kontext gedrängt zu werden, durch die sie mit ihrem Gewissen in Konflikt geraten. Das ist ein erstaunlich hoher Wert: Denn bei der Beantwortung dieser Frage ist außerdem noch die soziale Erwünschtheit zu berücksichtigen – vom Management werden Entscheidungen und nicht Gewissenskonflikte erwartet. Die für die Journalismusstudie „Beruf ohne Moral" (Karmasin 2005) im Jahr 2005 befragten Journalistinnen und Journalisten müssen weniger oft mit ihrem Gewissen hadern: 38 % tun das zumindest manchmal.

---

3 Wie dies auch in anderen Studien, die wir zu diesem Thema durchgeführt haben, deutlich wird, vgl. hierzu Kaltenbrunner/Karmasin/Kraus 2010; Kaltenbrunner et al. 2008.

Journalistisch Beschäftigte und in noch größerem Ausmaß Medienmanager und Medienmanagerinnen liegen damit deutlich über dem Schnitt der Bevölkerung, von der in einer repräsentativen Gallup Omnibus-Umfrage im Jahr 2012 lediglich 13 % angaben, manchmal mit Gewissenskonflikten konfrontiert zu sein.

Über die Ursachen kann im Rahmen der vorliegenden Studie nur spekuliert werden. Internationale Studien, die zu diesem Thema durchgeführt wurden, lassen darauf schließen, dass die ökonomischen Vorgaben, der Zwang zur Rationalisierung und Effizienzsteigerung, die Notwendigkeit, bei einem schrumpfenden Werbemarkt und sinkenden Vertriebserlösen Einsparungen vorzunehmen, die Herausforderung der Digitalisierung und Konvergenz Medienmanagerinnen und Medienmanager in berufliche Situationen bringen, wo die vermeintlichen Sachzwänge des Markts und der Unternehmensorganisation mit den ethisch-moralischen Ansprüchen kollidieren.[4]

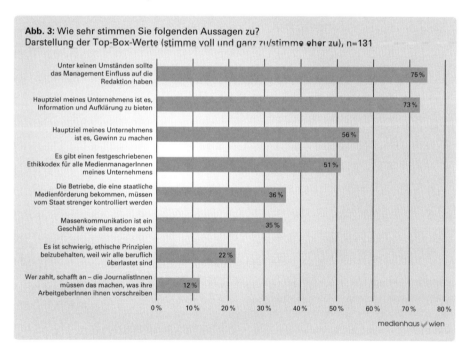

Abb. 3: Wie sehr stimmen Sie folgenden Aussagen zu? Darstellung der Top-Box-Werte (stimme voll und ganz zu/stimme eher zu), n=131

---

4 Studien wie Kellog School of Management and Media school of Journalism 2001 zeigen dies deutlich.

Den ökonomischen Zwängen steht also der publizistische Anspruch der Medienmanagerinnen und Medienmanager gegenüber. Das lässt sich an den Umfrageergebnissen deutlich ablesen: Bei der Frage nach der Trennung von Redaktion und General Management zeigt sich ein sehr konsequentes und deutliches Einstellungsmuster. Die Aussage, wer zahlt, schafft an – die Journalistinnen und Journalisten müssen das machen, was ihre Arbeitgeber vorschreiben, wird einhellig und deutlich abgelehnt (Mittelwert 3,94). Das ist sogar noch deutlicher als bei den 2005 befragten Journalisten und Journalistinnen (Mittelwert 3,45). Übersetzt man die Werte der Medienmanagerinnen und -manager in Top-Box-Werte, so zeigt sich, dass eine volle bzw. überwiegende Zustimmung bei nur 12 % liegt. Die Feststellung hingegen, dass das Management keinesfalls Einfluss auf die Redaktion haben sollte, wird von drei Viertel aller Medienmanagerinnen und Medienmanager voll und ganz oder überwiegend befürwortet. Sie wissen um die Besonderheit ihrer Branche: Für fast zwei Drittel von ihnen ist Massenkommunikation kein Geschäft wie jedes andere auch.

In Summe ergibt sich bei der Frage nach den ethisch-moralischen Konflikten im österreichischen Medienmanagement also ein klares Bild: auf der einen Seite eine starke Verantwortung den Eigentümern gegenüber (so wie es der professionellen Managementtradition in anderen Industrien auch entspricht). Auf der anderen Seite das Bewusstsein für die Medienproduktion als spezifische kulturelle und gesellschaftliche Aufgabe. Dies führt unter den Prämissen wachsenden Refinanzierungsdrucks zwangsläufig zu Situationen, in denen die Verantwortungen gegenüber den Eigenkapitalgebern, der Ruf nach Profitabilität bzw. Rentabilität und die medienethischen Standards, die journalistische und redaktionelle Autonomie und die besondere gesellschaftliche und kulturelle Relevanz medialer Produktion im Blick haben, kollidieren. Das heißt, der Auftrag an die Redaktion zur Sonderbeilage mit freundlicher Behandlung großer Werbekunden oder von Eigentümergruppen wird mit persönlichem Unbehagen erteilt.

So diese Konflikte nicht ordnungspolitisch und/oder institutionenethisch auf Ebene der Medienunternehmung gelöst werden, führen sie zu Gewissenskonflikten. Dies mag auch erklären, warum immerhin knapp mehr als ein Drittel der befragten Medienmanagerinnen und Medienmanager für eine starke Kontrolle jener Betriebe plädiert, die Medienförderung bekommen.

Diese Gewissenskonflikte sind keine individuellen Sorgen in Zusammenhang mit beruflicher Überlastung, sondern ein strukturelles Problem der Medienproduktion. Das belegen die Antworten auf die Frage nach der Realisierbarkeit ethischer Prinzipien: Es ist schwierig, ethische Prinzipien beizubehalten, da wir alle beruflich überlastet sind, findet nur bei 3,10 % der befragten Medienmanagerinnen und Medienmanager volle Zustimmung. Und die Top-Box-Werte (1 und 2) belaufen sich auf 22,10 %. Das heißt, es scheint den Befragten grundsätzlich möglich, ethische Prinzipien zu realisieren. Bei einer vergleichbaren Fragestellung im Rahmen der Journalismusstudie 2005 gaben 8 % der befragten Journalistinnen und Journalisten an, es sei schwierig, ethische Prinzipien beizubehalten, da sie beruflich überlastet seien. Auch hier wurde deutlich, es geht um strukturelle und nicht nur individuelle Problemlagen.

Es gehört zu den Prämissen kapitalistischer Medienwirtschaft, dass Medienunternehmen Gewinn machen. Dies erkennen die befragten Medienmanagerinnen und Medienmanager voll an. 55,7 % stimmten dieser Aussage voll oder zumindest eher zu. Immerhin mehr als ein Drittel – 34,4 % – stimmten dabei voll und ganz zu. Aber: Noch viel höher ist die Befürwortung bei der Frage, ob das Hauptziel des Unternehmens Information und Aufklärung sei. Dem stimmten 16,8 % der Befragten voll und ganz zu und 72,5 % zumindest teilweise. Damit befinden sich Medienmanagerinnen und Medienmanager in der Zwickmühle: Während Journalistinnen und Journalisten ihrem Anspruch auf Information des Publikums weitgehend ohne Rücksicht auf die Ökonomie nachkommen können, müssen sie oft entweder zugunsten des Gewinns die Aufklärung vernachlässigen oder umgekehrt. Beiden selbst gestellten Ansprüchen voll gerecht zu werden, wird dabei zur Kunst, die niemand kann.

Zusammenfassung und daraus folgende Forderungen

Zusammenfassend lässt sich also feststellen, dass die Medienmanagerinnen und Medienmanager in Österreich den strukturellen Konflikten und Problemlagen medialer Produktion im höheren Ausmaß ausgesetzt sind, als dies bei journalistischen Mitarbeitern und Mitarbeiterinnen der Fall ist. Beide Gruppen halten Information und Aufklärung für ein Hauptziel des Unternehmens, beide erkennen an, dass Massenkommunikation kein Geschäft wie jedes andere ist, sie sehen redaktionelle Autonomie und eine strikte Trennung von Redaktion und Management als wesentlich. Doch nur für das Management steht das oft in Widerspruch zu einem zweiten professionellen Anspruch: Sie sehen es als Hauptaufgabe, zu den Gewinnzielen des Unternehmens beizutragen, und fühlen sich in einem weit höheren Ausmaß den Eigentümern der Medienunternehmungen verpflichtet. Das führt zu erheblichen Gewissenskonflikten, die in der Medienproduktion – so lässt sich aus den Umfragedaten ablesen – ein strukturelles Problem darstellen. Wie dies Karmasin (2006, 2010) skizziert hat, rückt damit die Frage nach dem Verhältnis von ökonomischer und publizistischer Qualität in den Rahmenbedingungen und in der medialen Produktion selbst in den Mittelpunkt der Debatte. Die aktuelle wirtschaftsethische Diskussion im Bereich Corporate Social Responsibilty, die in vielen Branchen geführt wird, hat auch die Medienindustrie erreicht: Dabei steht die Frage im Mittelpunkt, wie (nicht ob) man der ethischen mit der ökonomischen Vernunft zum Durchbruch verhelfen kann, und nicht gegen sie.[5]

Die Balance zwischen ökonomischer Rationalität und medienethischer Vernunft ist für den einzelnen Medienmanager nicht durch individual-ethische Drahtseilakte zu halten. Es geht darum, die ökonomische mit der ethischen Vernunft kompatibel zu machen. Ohne die dafür notwendige Argumentation in aller Breite zu rekonstruieren, sei darauf verwiesen, dass die Institutionalisierung von Ethik in Medienunternehmen und die ordnungspolitischen Anreizsysteme dafür, ein Weg wären, mit diesen Problemlagen angemessen umzugehen. Ein Beispiel dafür wäre die Presseförderung (siehe Kapitel „Die neue Transparenz" von Andy Kaltenbrunner): Nur wer sich an die ethischen Spielregeln hält, sollte in Zukunft tatsächlich zur Förderung berechtigt sein.

Die Institutionalisierung von Ethik kann in einem Konzept münden, das die Organisation von Selbstorganisation als Grundsatz von Kommunikations- und Medienfreiheit bei Rückbindung ökonomischer wie publizistischer Interessen an die Idee öffentlicher Rechtfertigung bei gleichzeitiger präventiver Institutionalisierung vorsieht. Das heißt: Im Sinne regulierter Selbstregulierung sollte die Rahmenordnung die Medienselbstkontrolle und Medienverantwortung forden und fördern, aber nicht direkt in diese Prozesse eingreifen. Das gesellschaftliche System (vor allem die Medienpolitik im Sinne von Ordnungspolitik) hat Bedingungen für die Übernahme unternehmerischer und individueller Verantwortung zu schaffen. Damit ist auch die Frage nach der Legitimation von gesellschaftlichen Privilegien (direkte und indirekte Subventionen, Medienfreiheit etc.) für Medienunternehmungen angesprochen. Der eigentliche Grund für diese kann nur in der Produktion öffentlicher Güter und in Beiträgen zum Gemeinwohl bestehen. So hätte jedes Medienunternehmen nachzuweisen, dass es zum Nutzen der Gemeinschaft existiert und nicht auf deren Kosten. Dies kann auf Dauer nur durch die Institutionalisierung von Selbstkontrollmechanismen im Medienunternehmen (etwa als

---

5 Zur Darstellung der aktuellen Diskussion im Überblick Noll 2002; Steinmann/Wagner 1998; Ulrich 2001, 2004; Suchanek 2001; Karmasin/Litschka 2008; Karmasin et al. 2013.

Ombudsmann, Stakeholder-Dialog, in Form eines Kodex, einer Kommission etc.) sichergestellt werden.[6]
Weiters führen die Befragungsdaten für die vorliegende Studie zur Forderung, dass die Diskussion und Debatte dieser ethischen Problemlagen und der daraus resultierenden Gewissenskonflikte in der Berufsausübung auch Teil der Weiterbildung von Medienmanagerinnen und Medienmanagern sein sollten. Medienmanagement ist eben ein Beruf, der besondere moralische und ethische Anforderungen stellt und in dem man im hohen Ausmaß mit ethisch-moralischen Problemlagen konfrontiert ist. Es ist auch in Österreich kein Job wie jeder andere. Die Debatte über professionsethische Standards für Medienberufe steht hierzulande erst am Anfang. Zwar existieren in manchen Bereichen wie bei den journalistischen Mitarbeitern und Mitarbeiterinnen für Public Relations und Werbung selbstregulative Instrumente wie Ehrenkodizes und Selbstregulierungseinrichtungen, doch andere Bereiche wie gerade das Medienmanagement scheinen aus dieser Diskussion ausgeklammert. Die vorliegenden Befunde zeigen jedoch, dass es auch in Österreich hoch an der Zeit wäre, über professionsethische Standards im Medienmanagement und damit zugleich individualethische Entlastungen von Medienmanagerinnen und Medienmanagern nachzudenken. Die Befragten scheinen bereit dafür. Jetzt könnten in den Unternehmen Taten folgen.

Literatur

Bichler, Klaus/Harro-Loit, Haliki/Karmasin, Matthias/Kraus, Daniela/ Lauk, Epp/Loit, Urmas/Fengler, Susanne/Schneider-Mombaur, Laura (2012): Best Practice Guidebook. Media Accountability and Transparency Across Europe. http://www.mediaact.eu/fileadmin/user_upload/Guidebook/guidebook.pdf (Stand: 22.01. 2013).

Funiok, Rüdiger/Schmälzle, Udo F./Werth, Christoph H. (1999): Medienethik – die Frage der Verantwortung. Bundeszentrale für politische Bildung. Berlin.

Jarren, Otfried/Weßler, Hartmut (Hg.) (1997): Perspektiven der Medienethik. Leske + Budrich. Opladen.

Kaltenbrunner, Andy/Karmasin, Matthias/Kraus, Daniela (Hg.) (2010): Der Journalisten-Report III. Politikjournalismus in Österreich. facultas. wuv. Wien.

Kaltenbrunner, Andy/Karmasin, Matthias/Kraus, Daniela/Zimmermann, Astrid (2008): Der Journalisten-Report II. Österreichs Medienmacher und ihre Motive. facultas.wuv. Wien.

---

6 Beispiele u. a. bei Bichler et al. 2012.

Karmasin, Matthias (Hg.) (2002): Medien und Ethik. Reclam Verlag. Stuttgart; Leipzig.

Karmasin, Matthias (2010): Medienunternehmung. Zur Konzeption von Medienethik als Unternehmensethik. In: Schicha, Christian/Brosda, Carsten: Handbuch der Medienethik. VS Verlag für Sozialwissenschaften. Wiesbaden. S. 217–232.

Karmasin, Matthias (1999): Journalismus: Beruf ohne Moral? Journalistisches Berufshandeln in Österreich. Linde. Wien.

Karmasin, Matthias (2005): Journalismus: Beruf ohne Moral? Von der Berufung zur Profession. Journalistisches Berufshandeln in Österreich. WUV. Wien.

Karmasin, Matthias/Kraus, Daniela/Kaltenbrunner, Andy/Bichler, Klaus (2013/in Druck): Media Ethics as Institutional Ethics – The Potential of Corporate Social Responsibility. In: Eberwein, Tobias/Fengler, Susanne/Lauk, Epp/Porlezza, Colin (Hg.): Journalists and Media Accountability: An International Study of News People in the Digital Age. (Arbeitstitel). Peter Lang Publishing. Frankfurt a. M.

Karmasin Matthias/Litschka, Michael (2008): Wirtschaftsethik. Theorien, Strategien, Trends. Lit Verlag. Münster u. a.

Kellog School of Management and Media school of Journalism (2001): Ethics and Standards in Newsrooms today – some misguided unguided behavior. Studie.

Noll, Bernd (2002): Wirtschafts- und Unternehmensethik in der Marktwirtschaft. Kohlhammer. Stuttgart; Berlin; Köln.

Rath, Matthias (2000): Medienethik und Medienwirkungsforschung. VS Verlag für Sozialwissenschaften. Opladen.

Schicha, Christian/Brosda, Carsten (Hg.) (2000): Medienethik zwischen Theorie und Praxis. LiT. Münster.

Steinmann, Horst/Wagner, Rainer Gerd (Hg.) (1998): Umwelt- und Wirtschaftsethik. Schäffer-Poeschel-Verl. Stuttgart.

Suchanek, Andreas (2001): Ökonomische Ethik. Mohr Siebeck. Tübingen.

Thomaß, Barbara (1998): Journalistische Ethik. Ein Vergleich der Diskurse in Frankreich, Großbritannien und Deutschland. Westdeutschland Verlag. Opladen.

Ulrich, Peter (2001): Integrative Wirtschaftsethik: Grundlagen einer lebensdienlichen Ökonomie. 2. verb. Auflage. Haupt. Bern; Stuttgart; Wien.

Ulrich, Peter (Hg.) (2004): Reflexionsfelder integrativer Wirtschaftsethik. Francke. Tübingen.

Wunden, Wolfgang (Hg.) (1996): Wahrheit als Medienqualität. Gemeinschaftswerk d. Evang. Publizistik. Frankfurt a. M.

Kommentar: Claus Reitan
Moral – eine gute Investition

Markt und Moral, so insinuiert der Titel des vorangehenden Beitrags von Matthias Karmasin, scheinen nicht zusammenzugehen. Die vorliegende und weitere Studien ebenso wie praktische Erfahrungen aus Medienunternehmen bestätigen den von Matthias Karmasin im zitierten Beitrag formulierten Befund: „Qualitative Studien (...) lassen darauf schließen, dass die ökonomischen Vorgaben, der Zwang zur Rationalisierung und Effizienzsteigerung, die Notwendigkeit bei einem schrumpfenden Werbemarkt und sinkenden Vertriebserlösen Einsparungen vorzunehmen, die Herausforderung der Digitalisierung und Konvergenz, Medienmanagerinnen und Medienmanager in berufliche Situationen bringen, wo die vermeintlichen Sachzwänge des Markts und der Unternehmensorganisation und die ethisch-moralischen Ansprüche kollidieren." Als eine Folge davon gerät etwa die Hälfte der Medienmanager und Medienmanagerinnen laut eigener Aussage „manchmal in Konflikt mit dem Gewissen". Endlich – ist man versucht, anzumerken. Tatsächlich erhöhten die Spezifika der Medienmärkte, der Medienunternehmen und der Medienökonomie in der vergangenen Dekade den Druck auf das Medienmanagement enorm – und zwar völlig losgelöst von der Frage, ob denn nicht eine grundsätzliche Unverträglichkeit des Markts mit Moral vorliege oder ob das Geschäft des Wettbewerbs um Aufmerksamkeit überhaupt seriös betrieben werden könne.

Redaktion, Werbung und Gewissen

Die Medienmärkte des 21. Jahrhunderts sind hoch kompetitiv, von kritischen, autonomen und wechselbereiten Nachfragern bestimmt und zudem unvollständig: In den erzielbaren Preisen für Zeitungen und den verordneten Gebühren auf Empfangsgeräte für Radio und TV (quasi eine Apparatesteuer, Anm. d. Autors) sind die Kosten dieser Produkte nicht abbildbar. Im Klartext: Was die Massenmedien ihren Kunden bieten, wird von diesen nur zum Teil mit Preis und Gebühr bezahlt. Die neben dem Verkaufserlös zweite Quelle an Einnahmen, die Werbung, übertraf diese hinsichtlich ihrer Ergiebigkeit für Jahre sogar und schuf in den unmittelbar zurückliegenden Dekaden zuerst die Kostendeckung und für einige Medienunternehmen sogar erhebliche Gewinne.
Diese Dinge nahmen in den gut ein halbes Jahrhundert zurückliegenden Zeiten wirtschaftlichen Aufschwungs und Wachstums ihren Lauf, allerdings mit einer, wie sich heute zeigt, unerwünschten Nebenwirkung: Die – faktische – vierte Gewalt im Staate, die Medien, schlitterte

in die Abhängigkeit von der fünften, der Werbung. Diese wiederum unterliegt ebenfalls mehr ihren Mechanismen als der Gemeinwohlverpflichtung mit einer weiteren fatalen Folge: Um wirksam zu sein, bemächtigte sich die Werbung u. a. des auch betriebswirtschaftlich und medienökonomisch wichtigsten Gutes unbhängiger Medien, nämlich ihrer Glaubwürdigkeit, indem sie deren Erscheinungsform anzunehmen versuchte. Der vor zwei Jahrzehnten einsetzende Verkauf der Grund- oder Brotschrift der unabhängigen Zeitungen, in welcher ihre redaktionellen Texte gesetzt waren, für eine interessengeleitete Marktkommunikation war der Sündenfall. Weitere, wie der Verkauf ganzer Titelseiten samt Kopf, folgten. Die Verantwortung dafür liegt bei den Medieneigentümern und beim Medienmanagement.

Verstöße gegen die nicht oder nur unvollständig wahrgenommene gesetzliche Pflicht zur Kennzeichnung entgeltlicher Veröffentlichungen (Mediengesetz – MedienG, § 26) wurden zwar festgestellt und vom PR-Ethikrat wiederholt aufgezeigt[7], blieben aber teils von den betroffenen Medien unbeantwortet oder weitgehend folgenlos. Ähnlich gelagerte Fälle, namentlich unzulässige Produktplatzierung in den Fernsehsendungen des *ORF* (ORF-Gesetz, ORF-G, BGBl 1984/379 idF BGBl I 2010/50, § 16), waren Gegenstand behördlicher und gerichtlicher Entscheidungen, insbesondere bei Sport- und Unterhaltungsformaten (BVG Medienkooperation und Medienförderung – BVG MedKF-T, BGBl. I Nr. 125/2011).

Es erscheint verständlich, dass die für die Medienprodukte zuständigen und verantwortlichen Geschäftsführer in diesen Situationen, getrieben von der Suche nach Erlösen, aber konfrontiert mit dem Vorwurf des Gesetzesverstoßes, manchmal mit ihrem Gewissen in Konflikt geraten. Drei Entwicklungen sollten diese ernst zu nehmenden und erheblichen Konflikte noch weiter verstärken: das Internet, die Wirtschaftskrise und das Transparenzgebot.

Um es kurz zu machen: Seit knapp 20 Jahren wandern die – stets ordentlich deklarierten – Kleinanzeigen der Stellen-, Immobilien- und Automärkte aus den Zeitungen ins Internet ab. Mit der Digitalisierung und dem Internet entstanden für Handel und Marken neue Kommunikationskanäle und -plattformen, welche sie von den Massenmedien etwas unabhängiger machten. Die 2008 einsetzende Krise der Finanzmärkte und teils der Wirtschaft ließ Werbevolumina nicht mehr im bisherigen Ausmaß ansteigen. Und die teils vermuteten, teils offensichtlichen Umgehungen des Trennungsgebotes – Redaktion und Werbung eines Medienunternehmens sollten getrennt und unabhängig voneinander tätig

---

7 Siehe dazu: http://www.prethikrat.at/

sein, um eine kommerzielle Beeinflussung der als unabhängig wirkenden Berichterstattung und damit Verwirrung der Publika zu vermeiden – nahmen derartige Formen an, dass Verleger und Gesetzgeber in Österreich 2011 das Medientransparenzgesetz auf den Weg brachten (BVG Medienkooperation und Medienförderung – BVG MedKF-T, BGBl. I Nr. 125/2011), um Korrektheit, Ordnung und Übersichtlichkeit zu schaffen.

Zu dieser Gemengelage aus sinkenden Erlösen bei steigenden Kosten und Abhängigkeit der Printmedien u. a. von Inseraten der öffentlichen Hand meinte Hans Gasser, damals Vorstandsvorsitzender im Verlag des in Wien erscheinenden *WirtschaftsBlatt* und Präsident des Verbandes Österreichischer Zeitungen, im Juni 2010: „Medien sind in der Demokratie die vierte Gewalt. Aber Macht und Gewalt brauchen Verantwortung und Glaubwürdigkeit. Die Krise der Wirtschaft und damit der Medien hat unsere Branche – zugespitzt formuliert – heute so käuflich gemacht wie nie zuvor. Da gibt es schwarze Schafe und weiterhin vollkommen cleane Medien. Da wird der Anschein redaktioneller Inhalte erweckt, um Werbegelder zu lukrieren. Und das wird von Unternehmen wie von der Politik und von Ministerien gefordert. Das schadet der Glaubwürdigkeit von Medien. Das müssen wir uns bewusst machen " (Fidler 2010). Dieses Bewusstsein ist der Nährboden, auf dem nun die jungen Pflanzen der Gewissenskonflikte des Medienmanagements wachsen. Der Boden selbst wird dafür seit gut einem Vierteljahrhundert aufbereitet: Die Digitalisierung von Bild und Text einerseits, das Internet zu deren Übertragung andererseits sowie die neuen, handlichen und mobil nutzbaren Empfangsgeräte treffen in ihrem Zusammenwirken (also der technischen Konvergenz) die klassischen Massenmedien mit der gleichen störenden Wucht, mit der die Industrialisierung auf die Agrargesellschaft einwirkte. Diese neuen Technologien haben das den Massenmedien inhärente Substitutionsrisiko nochmals erhöht, zudem die Kunden – wie oben angedeutet – noch autonomer gemacht. Manche der betroffenen Akteure – Medieneigentümer, Medienmanager, Medienproduzenten – wirken überrascht und konsterniert, doch einiges an den Entwicklungen ist seit Jahren absehbar, wie u. a. eine bereits 2003 (!) erschienene Studie zu den „neuen Chancen der Medienindustrie" belegt: „Die technologische Entwicklung hat die dramatischen Verschiebungen der Machtverhältnisse zwischen den Medienunternehmen und ihren Kunden noch beschleunigt. Es ist unübersehbar, dass die Medien sich auf budgetbewusstere, wählerische, durch die Nutzung neuer Technologien in ihrem Nutzungsverhalten komplexer gewordene Kunden einstellen müssen. Das ist die eigentliche Herausforderung für die Branche" (Bird 2003).

In dieser Lage ist die Medienbranche, insbesondere jener Teil, der sich einer unabhängigen Publizistik und der Demokratie verpflichtet (Prammer 2013), auf sich allein gestellt wie kaum ein anderer Wirtschaftszweig. Beistand in Gewissenskonflikten ist da nicht zu erwarten. Partner finden sich kaum, denn die intermediäre Konkurrenz der Medienunternehmen steht ihrer Kooperation ebenso im Wege wie das die Kartellbildung blockierende Gebot der Meinungsvielfalt: Die Gemeinsamkeit einer medienökonomischen und medienpolitischen Notlage ist keine hinreichende Grundlage für Einigkeit über den Ausweg aus dem Dilemma. Zudem fehlt ein Wegweiser, der aus dem Schlamassel führte, denn der Staat verweigert sich insbesondere in Österreich auf dem Gebiet des Medienwesens weitgehend seiner ordnungspolitischen Aufgabe: Zu sehr ist der Staat, konkret die Bundesregierung, einerseits auf die Vermittlungsleistung des Medienwesens angewiesen und steht andererseits unter dem aus Zensur und Diktatur genährten Generalverdacht, mittels vorgeschobener Ordnungspolitik die ihm abgerungene Unabhängigkeit der Presse rückgängig machen zu wollen.

Was also tun, wenn das Medienmanagement – bedrängt von ökonomischen Vorgaben, vom Zwang zu Rationalisierung und Effizienzsteigerung, von Einsparungen, Digitalisierung und Konvergenz – nun in Konflikte mit dem Gewissen gerät? Wie denn handeln, wenn – wie von Karmasin aufgezeigt – die vermeintlichen Sachzwänge des Markts mit den ethisch-moralischen Ansprüchen kollidieren? Wie Entscheidungen treffen, wenn diese für die Produktion von Content von hoher Relevanz sind, die Medienmanager sich aber im Unterschied zu den Journalisten mehr den Eigentümern als den Publika verpflichtet fühlen?

Der Kern der Sache: Journalismus

Der Zeitpunkt, über professionsethische Standards im Medienmanagement – wegen geänderter Umstände neuerlich – nachzudenken, scheint gekommen zu sein, wie Karmasin schreibt. Und dann? Dann hätten den Bekenntnissen die Taten zu folgen. Denn zu Information und Aufklärung als Hauptziel eines Medienunternehmens bekennt sich das Medienmanagement laut Studie, also ließe sich der Spannungsbogen zwischen den Unternehmensinteressen auf Gewinn einerseits und der Gemeinwohlverpflichtung andererseits – etwa durch kodifizierte Institutionen- oder Unternehmensethik – wohl auflösen. Außer, Eigentümer und Eigenkapitalgeber wollen etwas anderes, etwa lediglich höchstmöglichen Gewinn, politischen Einfluss oder Ähnliches. Das ist zu akzeptieren, aber dann sollte ein Management sich auf eine diesbezügliche Verpflichtung entweder nicht einlassen oder das, was es für eine moralische Belastung hält, nicht als Gewissenskonflikt darstellen. Ein Medienmanagement, das sich – in welcher Reflexions- oder Regulierungsform auch immer – selbstkritisch den berufsbedingten Dilemmata stellt, wird zuvorderst wohl den Kern der Sache zu benennen haben und der heißt: Medien. Wenn Medienmanager und Medienmanagerinnen wie in der vorliegenden Studie erhoben, einräumen, Medien seien kein Geschäft wie andere auch, gelangt man zu deren Kern, dem Journalismus. Es ist und bleibt der Journalismus und zwar jener der Nachrichten im Wortsinne, jener der „Erzählung von der Welt" (Lünenborg 2005), ursächlich dessen sich die Medienindustrie von anderen unterscheidet und worin sich ihr Schicksal entscheidet. Stellt man sich schließlich dem Journalismus, entdeckt man unweigerlich die Dimensionen seiner Qualität, ohne deren Erfüllung er alles sein kann, nur nicht das, was zu sein er vorgibt und wofür er einen Preis zu verlangen gedenkt.

Es wird daher im Medienwesen weiterhin und intensiviert nötig sein, zwischen Information und Unterhaltung zu unterscheiden, zwischen relevant und belanglos, zwischen Nachricht und Zerstreuung. Es wird erforderlich sein, Wert und Bedeutung eines unabhängigen, qualifizierten Journalismus in seiner Kritik- und Kontrollfunktion sowie in seiner die Demokratie konstituierenden Vermittlungsleistung (fög 2011) zu argumentieren, zu fördern und für dessen Herstellung und Produkte einen Preis zu verlangen, erfüllt er denn die Qualitätsdimensionen (Meier 2011). Völlig zu Recht unterscheidet der Verband Österreichischer Zeitungen daher zwischen Kauf- und Gratiszeitungen und verstärkt mit seinem Public-Value-Bericht u. a. die diesbezügliche Kommunikationsstrategie (VÖZ 2012), was nicht nur ihm dient, sondern dem Staatsganzen einer durchgängig mediatisierten Gesellschaft.

Der Qualitätsdiskurs hat, so scheint es jedenfalls, das Medienmanagement erreicht, mehr noch, sogar die Medienpolitik: Mit der Studie „Evaluierung der Presseförderung in Österreich", erstellt im Auftrag des Bundeskanzleramts, Wien, befindet sich seit Jahresende 2012 eine kommunikationswissenschaftliche Expertise in den amtlichen Akten, die den Qualitätsbegriff sachlich dokumentiert (Haas 2012) und somit der Medienpolitik zugänglich macht. Damit lässt sich für die Staatsgewalt einer jener Grundsätze anwenden, mit denen sie ansonsten die Normunterworfenen konfrontiert: Unwissenheit schützt weder vor Strafe, noch entbindet sie von Pflichten, diesfalls den Gesetzgeber (Legislative) und die Exekutive (Regierung) von jener zur Ordnungspolitik im Medienwesen.

Nachzudenken über professionsethische Standards hätte für die Geschäftsführungen in den Medienhäusern einiges zur Folge: sich umgehend einer Kritik- und Korrekturfunktion zu unterwerfen, wie sie die

Medien ihrerseits für die Demokratie auszuüben beanspruchen, ohne das allerdings auch flächendeckend für sich gelten zu lassen. Es hätte weiters jenes moralische Handeln zur Folge, welches Medien von Politik und Wirtschaft einmahnen. Zu professionsethischen Standards im Medienmanagement gehörte wohl auch die von manchen Medien bei anderen Adressaten eingeforderte Transparenz der Prozesse und einer Partizipation der Stakeholder.

Mit den Medien und dem Journalismus steht wesentlich mehr auf dem Spiel als eine Industrie, ein Geschäftsmodell oder eine Berufsgruppe. Öffentlichkeit ist herzustellen, Gesellschaft bedarf der Verständigung über sich selbst, Personen benötigen Informationen und Nachrichten, Wissen und Orientierung, Quellen ihrer Identität. Mit Medien und Journalismus steht zur Disposition, ob und wie oder gegebenenfalls in wessen Interesse dies gelingt.

Unter diesem Dach einer großen Frage ist auch die etwas kleinere nach den Medienmanagern und Medienmanagerinnen zwischen Markt und Moral untergebracht. Dass diese, wie die vorliegende und die mit ihr zusammenhängenden Studien zeigen, häufiger mit ihrem Gewissen in Konflikt geraten als Journalisten und Journalistinnen, könnte auch damit zu tun haben, dass sich Reporter und Redakteure mit der möglichen Unverträglichkeit von Moral und Markt schon zu befassen hatten, als es das gegenwärtige und heute in Tat und Wahrheit für Journalismus unverzichtbare Medienmanagement so noch nicht gab, wie es Max Webers Schilderungen nahelegen: Es sei, schrieb er vor knapp 100 Jahren, „keine Kleinigkeit, sich über alles und jedes, was der ‚Markt' gerade verlangt, prompt und überzeugend zu äußern, ohne nicht nur der absoluten Verflachung, sondern vor allem der Würdelosigkeit der Selbstentblößung zu verfallen" (Weber 1919).

Der Journalismus hat, weitgehend aus eigener Kraft sowie gegen innere und äußere Widerstände, Kodizes für ethisch basiertes, moralisches berufliches Verhalten entwickelt, um damit die mit der Freiheit der Meinungsäußerung untrennbar verbundene Verantwortung wahrzunehmen. Darin liegt dann die Professionalität: ethische Dilemmata als solche zu erkennen und zu benennen, um sie über Regeln, Strukturen und Verfahren der Presseräte zu lösen[8]. Selbstredend ist dieser Königsweg mit Kompromissen und Unzulänglichkeiten gepflastert.

Ähnliches, aber insbesondere die soziale Selbstverpflichtung von Unternehmen (CSR) oder die Ethikregeln anderer Branchen könnten für

---

8 Siehe dazu die Fußnoten im Beitrag von Matthias Karmasin im vorliegenden Band sowie insbesondere: Bauer/Koller/Warzilek 2013 und The Representative on Freedom of the Media 2008, insbesondere www.presserat.at.

das Medienmanagement einige Beispiele dafür liefern, wie mit Gewissenskonflikten umzugehen ist, ohne diese exkulpierend dafür ins Treffen zu führen, angesichts marktdiktierter Erfordernisse an moralischen Anforderungen gescheitert zu sein. Andersrum ausgedrückt: Wer einen Gewissenskonflikt einmal als solchen erkannt hat, muss schon sehr gewichtige Gründe dafür nennen können, diesen gegen das Gewissen erledigt – gelöst wäre ein zu großes Wort – zu haben, anstatt sich für das Gewissen entschieden zu haben. Auch und gerade im Medienmanagement. Denn dieses steht, mehr denn je, gemeinsam mit Medieneigentümern und Medienproduzenten vor neuen und schwierigen Anforderungen: Ein Mausklick genügt, um Persönlichkeitsrechte zu verletzen. Ein Newsroom reicht, um Meinungsvielfalt einzuschränken. Eine Einsparung bewirkt, Tiefe der Recherche und Breite der Darstellung zu vermindern. Das geht zuvorderst zulasten des qualifizierten Journalismus, als Nächstes zulasten des informierten Bürgers und der begründeten Entscheidungen in einer Demokratie.

In der Sache selbst ist Fortschritt auszumachen. In einigen Printmedien wurden konkrete Projekte und Prozesse initiiert und auch schriftlich, etwa in Dienstverträgen, dingfest gemacht, die CSR und CRM entsprechen: Verantwortung gegenüber Gesellschaft und Umwelt als Selbstverpflichtung. Moral kostet. Ein Anfang wurde gemacht. Aber noch, so belegt die eingangs zitierte Studie, harren manche Gewissenskonflikte ihrer Lösung – wie zu hoffen ist nicht zulasten des Gewissens.

Literatur

Bauer, Franz C./Koller, Andreas/Warzilek, Alexander (2013): Der Presserat als medienethische Kontrollinstanz, in: medien & recht, 1/13. Wien.

Bird, Adam/Künstner, Thomas/Vogelsang, Gregor (2003): Customer Centricity – Die neue Chance für die Medienindustrie. Campus. Frankfurt a. M.; New York.

BVG Medienkooperation und Medienförderung – BVG MedKF-T: Bundesverfassungsgesetz über die Transparenz von Medienkooperationen sowie von Werbeaufträgen und Förderungen an Medieninhaber eines periodischen Mediums (BVG Medienkooperation und Medienförderung – BVG MedKF-T), BGBl. I Nr. 125/2011.

Fidler, Harald (2010): Krise hat unsere Branche käuflich wie nie gemacht. http://derstandard.at/1276413290433/VOeZ-Vorstand-Krise-hat-unsere-Branche-kaeuflich-wie-nie-gemacht (Stand: 21.05. 2013).

fög (2011): Qualität der Medien – Jahrbuch 2011, Schweiz-Suisse-Svizzera. Schwabe. Basel.

Haas, Hannes: Evaluierung der Presseförderung in Österreich. Status, Bewertung, internationaler Vergleich und Innovationspotenziale. Eine Studie im Auftrag des Bundeskanzleramtes Österreich. http://www.bka.gv.at/DocView.axd?CobId=50443 (Stand: 21.03. 2013).

Lünenborg, Margreth (2005): Journalismus als kultureller Prozess. Zur Bedeutung von Journalismus in der Mediengesellschaft. VS Verlag für Sozialwissenschaften. Wiesbaden.

Mediengesetz – MedienG: Mediengesetz – MedienG. Bundesgesetz vom 12. Juni 1981 über die Presse und andere publizistische Medien (Mediengesetz – MedienG), § 26.

Meier, Klaus (2011): Journalistik. UVK Verlagsgesellschaft. Konstanz.

ORF-Gesetz, ORF-G: Bundesgesetz über den Österreichischen Rundfunk (ORF-Gesetz, ORF-G) BGBl 1984/379 idF BGBl I 2010/50, § 16.

Prammer, Barbara (2013): Wir sind Demokratie. Eine Ermunterung. Edition Ausblick. Wien.

The Representative on Freedom of the Media (2008): The Media Self-Regulation Guidebook. Osce. Vienna.

VÖZ (2012): Public Value Bericht des Verbandes Österreichischer Zeitungen. Wien.

Weber, Max (1919): Politik als Beruf; zitiert nach: Weber, Max (1992): Politik als Beruf. Reclam. Stuttgart.

TEIL 4: **MEDIENMANAGEMENT UND POLITIK**

Andy Kaltenbrunner
Die neue Transparenz: Medienpolitik für Fortgeschrittene

Zu österreichischer Medienpolitik gibt es eine in Kommentaren und auf Podien gerne kolportierte These, die so lautet: Es gibt in Österreich keine Medienpolitik. Auch das ist Medienpolitik.

Diese manchmal satirisch, gelegentlich verbittert vorgetragene Beobachtung soll uns sagen, dass langfristige, klare Konzepte von Parteien, Interessenvertretern, Behörden oder auch Regierungen im Beziehungsgeflecht Medien und Politik selten zu finden sind. Überprüfbare Festlegungen in der gelebten Medienpolitik sind demnach politisch unpraktisch. Breiter, öffentlicher Diskurs über die Beziehung von Medien und Politik war nie vorrangige Selbstverpflichtung der darin Aktiven. Eine weiterführende These suggeriert dann, Politik hätte eben kaum (noch) Einfluss auf das Geschäft. Eine naive Darstellung natürlich, denn erst „die politische Sensibilität gibt der Medienwirtschaft ein spezifisches Profil" (Vowe 2003: 98).

Der diskrete Charme der Mediokratie
Medienmanagerinnen und -manager fühlen sich sowohl bei strategischen Entscheidungen als auch im Tagesgeschäft nicht nur ihren Eigentümern, Auftraggebern, Aktionären – oder auch ihrem Publikum verpflichtet (siehe auch Kapitel „Zwischen Markt und Moral" von Matthias Karmasin), sondern sind auch mit dem System Politik ständig verbunden. Medienpolitische Entscheidungen zu wirtschaftlichen und gesetzlichen Rahmenbedingungen, zu Forderungen und Förderungen im System, zu allen Maßnahmen zur Regulierung öffentlicher Kommunikation blieben über Jahrzehnte aber aus gutem Grund und Tradition intransparent. Die „zur Form geronnene Kultur der Sozialpartnerschaft" (Smudits 1993: 174) hatte in der Zweiten Republik die Austragung dieser medienpolitischen Diskussionen wie vieler weiterer an den Grünen Tisch hinter gepolsterte Türen verlagert. Wenn Politik selbst unmittelbar über Medienmanagement entscheiden konnte, war die wichtigste

Vorgabe, dass die auserwählten Geschäftsführerinnen, Intendanten und redaktionellen Führungskräfte tunlichst ohne Störgeräusche funktionieren sollten. Medienpolitik ohne medienpolitische Debatte war ein politisches Fixum der ersten Jahrzehnte der Zweiten Republik. Zur Chefsuche bei Konstituierung des neuen öffentlich-rechtlichen Fernsehens stellte da der *Bild-Telegraph* 1955 nüchtern fest: „Hauptsorge des Fernsehens ist jetzt: Wie verteilt man die Posten so, dass das Koalitionsgeschäft nicht in Gefahr gerät" (zit. nach Ergert 1977: 16). Das klingt immer noch vertraut.

Auch das Mediensystem insgesamt war jahrzehntelang kaum Thema in den Medien. „Daher liegen ausgerechnet über das Metier, das von Informationen lebt, bloß spärliche Informationen vor", schreibt der damalige *trend*-Chefredakteur Peter Muzik (1984: 9) in seinem Buch „Die Zeitungsmacher", in dem erstmals die Entwicklung des Printmedienmarkts der Zweiten Republik mit journalistischer Akribie aufbereitet – und dabei auch manch wichtige Aktivität in den Medienmanagements des Landes wenigstens nachträglich erläutert – wird.

Es gibt einen diskreten Charme der Mediokratie. Medien und Politik brauchen Publikum mit Aufmerksamkeit für ihr Agenda-Setting. Bei ureigenem politisch-ökonomischen Interessenabgleich aber verstehen sich die meisten als Eliten, die Interna lieber ohne Zuschauermassen abwickeln. Das geschlossene System brach in Österreich erst ab Ende der 1980er-Jahre langsam auf. Medienmanagerinnen und -manager erhielten eine Fülle neuer Aufgaben, jedoch eben auch neue Spielräume durch Internationalisierung und Liberalisierung des Markts, durch Digitalisierung der Medien und Kanäle. Begleitet von einem sich emanzipierenden Journalismus, der – nach dem Ende der Parteizeitungen – sich aus der Umklammerung der unmittelbaren politischen Eigentümerschaft an Medien etwas Luft verschaffen konnte. Dabei wirkten „Österreichs medienpolitische Akteure eher reaktiv als gestaltend" (Kaltenbrunner 1998: 105). Nach bipolaren Jahren rot-schwarzer Interessendurchsetzung auch im Medienmarkt geriet das System etwas aus den Fugen.

Bedeutungsgewinn und Machtverschiebung in den Kräfteparallelogrammen von Medien und Politik zugunsten der Medienmacherinnen und Medienmacher drückte sich in Österreich in den neuen Schlagworten von der „Mediendemokratie", wie mehrfach von Sarcinelli erläutert (Sarcinelli 1989, 1994), aus oder eben in der Angst vor einer „Kolonisierung der Politik durch die Medien", vor einer Form der „Mediokratie" (Meyer 2001).

Der „Medienmanager Staat" (Bruck/Kopper 1993) wurde in Österreich zu Anfang der Neunzigerjahre – erstmals, aber ohne Kontinuität – als

Forschungsgegenstand eines aus Mitteln des Wissenschaftsministeriums finanzierten größeren Projekts kurzzeitig interessant. Die Arbeiten von Plasser im folgenden Jahrzehnt (Plasser 2004, 2010) machten sich detailreich an die Analyse des Spannungsfeldes – hie Politikberichterstatterinnen und -berichterstatter und ihre publizistische Arbeit, dort Politikerinnen und Politiker und ihre Gestaltungsmöglichkeiten.

Überlegungen zu „Interdependenz und Symbiose" (Jarren/Donges 2002: 25) der Systeme Politik und Medien erfordern zuerst Wissen über Hintergrund und Handlungsweisen der Entscheidungsträger. Diese entstehen aus einem „Interpenetrationsverhältnis mit wechselseitigen Abhängigkeiten und Anpassungsprozessen". Das Handlungsfeld ist in Österreich dabei durchaus überschaubar. Man kennt sich gut. Der Markt ist klein. Diese Ausgangsbedingung ihrer Arbeit unterschreiben die Führungskräfte sofort: Es gibt in Österreich „ein hohes Ausmaß an Konzentration bei der Eigentümerschaft an Medien". Vier von fünf Managerinnen und Manager aller Spezialisierungen und Verantwortungen sind dieser Ansicht. Die darin ebenfalls integrierten Redaktionsverantwortlichen stimmen dem sogar fast ohne Ausnahme zu (93 %). Sie erleben horizontale und vertikale Konzentration im Medienmarkt wohl auch in eigener Sache unangenehm: Die beruflichen Alternativen sind meist beschränkt, wenn man als redaktionelle Führungskraft ein Unternehmen verlässt. Im Magazinmarkt etwa dominiert mit der *News*-Gruppe ein Eigentümer, der zudem mit vielen weiteren verwandt und verschwägert ist. Im Radio- und Hörfunksektor ist knapp mehr als ein Jahrzehnt nach der offiziellen Zulassung privater Anbieter der *ORF* mit großem Abstand Marktleader und wichtigster Arbeitgeber.

ORF: Vormacht mit Nachteil

Halten es die Medienmanagements bei dieser Dominanz für wünschenswert, den *ORF* und seine Programmangebote „teilweise oder ganz" zu privatisieren? Ein Drittel der Befragten (33 %) befürwortet das oder andersherum: Zwei Drittel sind gegen Privatisierungsschritte beim öffentlich-rechtlichen Rundfunk.

Anders sieht diese Zahl aus, wenn im Gesamtergebnis jene Managerinnen und Manager nicht berücksichtigt werden, die für öffentlich-rechtliche Medien tätig sind – also den *ORF*. Diese Führungskräfte sind, wenig überraschend, fast vollständig gegen eine (Teil-)Privatisierung des *ORF*. Die Medienmanagerinnen und Medienmanager von außerhalb des öffentlich-rechtlichen Sektors sehen das gespalten: 41 % stimmen Privatisierungsschritten zu, jeder Fünfte (20 %) ist unentschlossen, 38 % sind dagegen.

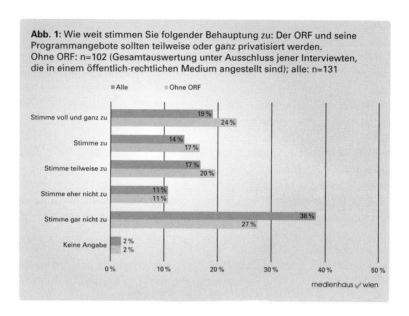

Abb. 1: Wie weit stimmen Sie folgender Behauptung zu: Der ORF und seine Programmangebote sollten teilweise oder ganz privatisiert werden. Ohne ORF: n=102 (Gesamtauswertung unter Ausschluss jener Interviewten, die in einem öffentlich-rechtlichen Medium angestellt sind); alle: n=131

Solche unterschiedliche Positionierung zur *ORF*-Privatisierung bei dessen überwiegend privatwirtschaftlichen Konkurrenten hat mögliche Erklärungen. Für die Beibehaltung des öffentlich-rechtlichen Rundfunks in seiner Form argumentieren tendenziell Redaktionsleiterinnen und -leiter etwas stärker als das General Management: Nur 31,8 % des Redaktionsmanagements stimmen einer Privatisierung (voll) zu, hingegen 62,5 % des General Managements. Der *ORF*, so eine mögliche Interpretation, ist für viele Chefredakteure und -redakteurinnen noch eine Leitmarke, die auch für eigene journalistische Qualitätsdiskussionen hilfreich ist – und wo bei Privatisierung kein qualitativer, inhaltlicher Fortschritt erwartet wird.

Überwiegend Befürworterinnen und Befürworter für privatwirtschaftliche Durchführung bisher öffentlich-rechtlicher Kanäle gibt es – bei aller Vorsicht der Dateninterpretation bei kleinen Untergruppen – naturgemäß beim privaten Rundfunk und bei Tageszeitungen (die ja vielfach zugleich Teilhaber privater Hörfunkbetreiber sind). Die Befragung war 2012 im Feld, nachdem der *ORF* sein Sendefeld just wieder vergrößert hatte: Die TV-Kanäle *ORF III* und *ORF Sport plus* waren im Oktober 2011 auf Sendung gegangen.

Wenn die Managerinnen und Manager zu einer aktuellen Diskussion zum *ORF*-Gesetz gefragt werden, sind die Diskrepanzen besonders deutlich: „Im Bereich Internet und Social Media" unterstützt knapp die

Hälfte der befragten Managerinnen und Manager eine Gesetzesänderung zugunsten des *ORF*. Seit Anfang 2012 hatte die Kommunikationsbehörde Austria dem *ORF* die verschiedenen Auftritte von *ORF*-Formaten auf *Facebook* unter Auslegung des 2010 auch in diesem Punkt novellierten *ORF*-Gesetzes untersagt.[1] Seither geht die Entscheidung durch die Gerichtsinstanzen und die Diskussion über Zulässigkeit und Sinnhaftigkeit öffentlich-rechtlicher Aktivität auf *Facebook*, *Twitter* und Co. weiter. Die Detailauswertung unserer Befragung zeigt die Bruchlinien dieser Branchen- und Parteiendiskussion: Während – wenig überraschend – alle befragten *ORF*-Angestellten auf Veränderung drängen, sind es bei den übrigen Befragten nur knapp mehr als ein Drittel, die Verständnis dafür haben, dass der öffentlich-rechtliche Mitbewerber gleichen Zugang zum mobilen, interaktiven Publikum auf allen digitalen Plattformen möchte wie sie selbst. Die übrigen Managerinnen und Manager sind unentschlossen oder ausdrücklich dagegen.

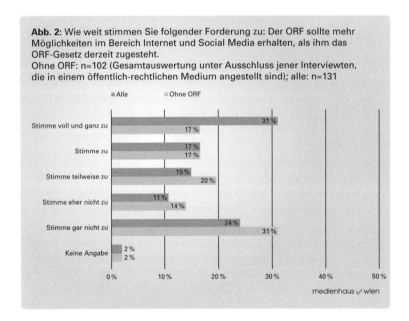

Abb. 2: Wie weit stimmen Sie folgender Forderung zu: Der ORF sollte mehr Möglichkeiten im Bereich Internet und Social Media erhalten, als ihm das ORF-Gesetz derzeit zugesteht.
Ohne ORF: n=102 (Gesamtauswertung unter Ausschluss jener Interviewten, die in einem öffentlich-rechtlichen Medium angestellt sind); alle: n=131

Öffentliche Förderungen – unverzichtbar, aber verbesserungsfähig

Die medienpolitische Diskussion um den *ORF* scheidet also immer wieder die Geister. Umso bemerkenswerter ist dann die große Einigkeit bei der Einschätzung der Bedeutung eines der ältesten Instrumente medi-

---

1 Bescheid der Kommunikationsbehörde Austria, KOA 11.260/11-018 vom 25. 01. 2012.

enpolitischer Regulierung. Es hilft nur den Printmedien: Dennoch halten 82 % aller Befragten die Presse- und Publizistikförderung für wichtig oder sehr wichtig „zur Erhaltung der Printmedienvielfalt in Österreich". Managerinnen und Manager aller Mediengattungen, Altersgruppen und Spezialisierungen halten sie mehrheitlich für unverzichtbar.

Die 1975 eingeführte Presseförderung ist bei großer Einigkeit zu ihrer Bedeutung eine kontroverse Konstante der medienpolitischen Debatte in Form und Folgewirkungen. Zum einen besteht seit Gründung der Generalverdacht: „Politische Einflussnahme auf und Kontrolle über die Presse funktioniert in Österreich vor allem über den Weg der Presseförderung" (Wittmann 1991: 319), zum anderen werden Wirksamkeit und Treffsicherheit der Methode immer wieder in Zweifel gezogen[2]. Ein messbares Faktum nach beinahe vier Jahrzehnten seit Einführung dieses Instruments ist: „Zeitungssterben konnte durch ökonomische Unterstützung mit Presseförderung in Einzelfällen allenfalls verzögert, nicht aber verhindert werden" (Kaltenbrunner 2006: 126).

Die für Presseförderung eingesetzten Steuermittel – anders als bei der ebenfalls 1975 beschlossenen Parteienförderung – waren in den vorgangenen Legislaturperioden systematisch, zuletzt auf 10,8 Millionen Euro im Jahr 2013, reduziert worden. Die Verlegervertretungen fordern das Fünffache – insbesondere um die Zukunftsherausforderungen zu Zeiten der Digitalisierung leichter bewältigen zu können (siehe dazu auch Kapitel „Innovativ? Ja, aber" von Andy Kaltenbrunner, S. 58, und Kommentar von Hermann Petz). Eine Studie im Auftrag des Bundeskanzleramtes (Haas 2012) sieht grob mehrere Optionen künftiger Presseförderungsmaßnahmen. Das Papier empfiehlt der Regierung eine Erhöhung der Budgets und mehr Maßnahmen im Rahmen des Bestehens, etwa zur „Qualitätsförderung" von Printmedien für Weiterbildung von Journalisten und Journalistinnen. Vorschläge für Neues nach internationalen Vorbildern, etwa zur Förderung kontinuierlicher Forschungsprojekte und von Entwicklung oder zur regelmäßigen Erhebung eines „state of media" wie in den USA oder der Schweiz, fehlen. Als (zeitlich befristete) ökonomische Maximalvariante heißt es: „Die von Seiten des VÖZ ins Spiel gebrachte Fördersumme von 50 Mio. Euro erscheint realistisch und sinnvoll" (Haas 2012: 191). Die Diskussionen drehen sich also erneut vorrangig um Förderhöhe, Anspruchsberechtigte und Treffsicherheit. Das grundsätzliche System einer staatlichen Presse- und Publizistikförderung ist in den Managements breit akzeptiert und in den Köpfen fest verankert.

---

2 Siehe z. B. Schmolke 1991; Murschetz 1998.

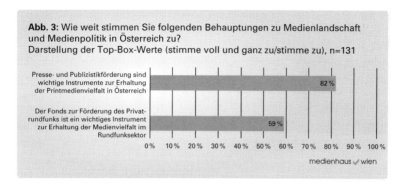

Abb. 3: Wie weit stimmen Sie folgenden Behauptungen zu Medienlandschaft und Medienpolitik in Österreich zu?
Darstellung der Top-Box-Werte (stimme voll und ganz zu/stimme zu), n=131

Deutlich weniger, aber doch auch mehrheitlich Zustimmung findet unter Österreichs Medienmanagerinnen und -managern der Fonds zur Förderung des Privatrundfunks. Im Jahr 2013 sind es 15 Millionen Euro, die „Rundfunkveranstalter bei der Erbringung eines hochwertigen und vielfältigen Programmangebots unterstützen" (RTR 2009) sollen. 59 % der Befragten halten diesen Fonds für wichtig oder sehr wichtig.

In der Betrachtung der Befragungsdetails zeigt sich aber, dass die österreichischen Redaktionsmanagements (nur 41 % Zustimmung) diesem Förderinstrument tendenziell sehr viel skeptischer gegenüberstehen als die General Managements (64 %). Das lässt sich erklären: Die Redaktionen beobachten die journalistischen Leistungen genauer – und diese lassen im Bereich des Privatrundfunks vielfach zu wünschen übrig, vor allem bei den Dutzenden regionalen Anbietern. Eine Studie der RTR zur „Qualität im Privatrundfunk" hatte auch Programminhalte und spezifische Qualitätssicherung ausgewählter Fördernehmer untersucht und war etwa für „lokale Fernsehveranstalter" zum Schluss gekommen, diese „(…) weisen erhebliche Defizite im Hinblick auf Qualitätssicherungsmaßnahmen auf" (Wenzel/Trappel/Gadringer 2012: 39). Ähnlich die Bilanz für viele Radiosender: „Insgesamt weisen die kleineren Radioveranstalter ein niedriges professionelles Qualifikationsniveau auf, die Redaktionen sind personell an der unteren Grenze ausgestattet" (ebd.: 76). Wenig verwunderlich, dass professionelle Beobachterinnen und Beobachter aus den Redaktionsmanagements dann die Sinnfrage zur Förderung des Privatrundfunks besonders kritisch stellen, wenn öffentliche Gelder hörbar wenig zur publizistischen Qualität beitragen – und Werbegelder dennoch zu den so geförderten, manchmal journalismusfreien Medienzonen abfließen. Während in manchen Ländern, wie etwa der Schweiz, Richtlinien und externe Qualitätskontrollen als Grundlage von staatlicher Förderung und Konzessionsvergabe „den privaten Rundfunk zur Etablierung von Formen des Qualitätsmanagements" bringen (Wyss/Studer/Zwyssig 2012: 39), ist das für Österreichs private Rundfunkförderung keine Voraussetzung.

Mit einer anderen medienpolitischen Neuerung sind Medienmanagerinnen und -manager recht einhellig einverstanden: Das Medientransparenzgesetz sehen 61 % von ihnen als „wichtiges Instrument zur Kontrolle öffentlicher Ausgaben". Jüngere stehen diesem Gesetz besonders deutlich positiv gegenüber. Mehr als zwei Drittel der unter 40-Jährigen befürworten es.

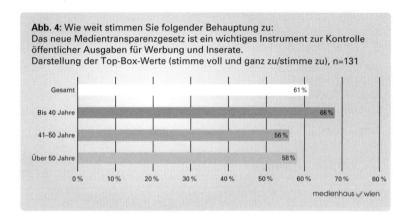

Abb. 4: Wie weit stimmen Sie folgender Behauptung zu:
Das neue Medientransparenzgesetz ist ein wichtiges Instrument zur Kontrolle öffentlicher Ausgaben für Werbung und Inserate.
Darstellung der Top-Box-Werte (stimme voll und ganz zu/stimme zu), n=131

Wie sich dieses Bekenntnis zur Offenheit weiterentwickelt, wenn nach den – seit Ende 2012 – quartalsmäßig veröffentlichten Werbedaten weitere Diskussionen zu Sinnhaftigkeit anschließen, wird sich weisen.

Mitte links – zum politischen Selbstverständnis des Medienmanagements

Zu den diffizilen Erhebungen mit großer Zurückhaltung der Interviewpartner gehört immer jene nach der eigenen politischen Standortbestimmung – sei es in ideologischen Links-Rechts-Schemata oder gar bei Sympathien für konkrete Parteien. In unserer Befragung der Managerinnen und Manager war die Bereitschaft zur Beantwortung dieser Positionsfragen erfreulich hoch.

Die Ergebnisse bei der politischen Selbstdeklaration liegen im nationalen und internationalen Branchentrend. Für Journalistinnen und Journalisten hatten wir in den früheren Reports festgestellt, dass sie auf der Skala von 1 (ganz links) bis 100 (ganz rechts) mit dem Durchschnittswert 41,9 deutlich links der Mitte stehen. Das gilt, so zeigen unsere

Daten, auch für Medienmanagerinnen und -manager (43,1). Nach Verantwortungen lässt sich das weiter unterscheiden: Redaktionsmanagerinnen und -manager (38,9) positionieren sich auf dieser Skala ein Stück weiter links als General Managerinnen und Manager (44,5).

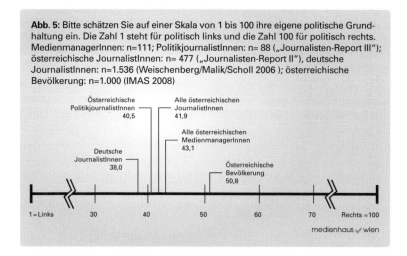

Abb. 5: Bitte schätzen Sie auf einer Skala von 1 bis 100 ihre eigene politische Grundhaltung ein. Die Zahl 1 steht für politisch links und die Zahl 100 für politisch rechts. MedienmanagerInnen: n=111; PolitikjournalistInnen: n= 88 („Journalisten-Report III"); österreichische JournalistInnen: n= 477 („Journalisten-Report II"), deutsche JournalistInnen: n=1.536 (Weischenberg/Malik/Scholl 2006); österreichische Bevölkerung: n=1.000 (IMAS 2008)

Allerdings lässt sich das auch gruppieren – und damit ein interessantes Bild zeichnen. Fast ein Drittel der Befragten (32 %) setzt sich selbst ausdrücklich auf den Wert 50, also exakt in die Mitte des Links-Rechts-Spektrums, etwa mehr als ein Drittel (37 %) verortet sich links der Mitte, ein Sechstel (16 %) rechts der Mitte. 15 % der Befragten gaben keine Auskunft.

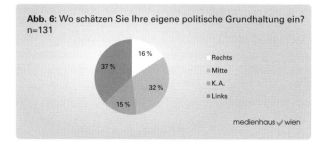

Abb. 6: Wo schätzen Sie Ihre eigene politische Grundhaltung ein? n=131

Mehr Medienmanagerinnen und Medienmanager sehen sich also – ähnlich wie Journalistinnen und Journalisten – als Anhänger tendenziell als „links" verstandener Positionen. In der österreichischen Gesamtpopulation ist es nach der letzten verfügbaren Erhebung des IMAS-Instituts aus 2008 anders: Mit 50,8 sehen sich die Bürgerinnen und Bürger insgesamt fast genau in der Mitte des Meinungsspektrums – mit ganz kleinem Rechtsdrall.

Österreichs Medien sind der Haltung der Österreicherinnen und Österreicher jedoch recht nahe. Die Managerinnen und Manager wurden nach der politischen Positionierung ihrer eigenen Unternehmen befragt. Im Durchschnitt ergibt sich dann der Wert 48,2. Das ist ein gutes Stück weiter rechts, als sich die Führungskräfte selbst einschätzen. Rund die Hälfte der Befragten (52 %) setzt ihr Unternehmen exakt auf den Wert 50. Anders ausgedrückt: Auch wenn die eigenen politischen Haltungen tendenziell davon abweichen, führen Medienmanagerinnen und -manager Unternehmen, die näher der politischen Mitte sind als sie selbst.

Ein Trend lässt sich – wieder mit aller Vorsicht der Interpretation bei kleineren Befragungsuntergruppen – noch feststellen: Die Managerinnen und Manager von Tageszeitungen (51,6) und Wochenzeitungen (50,4) halten ihre Unternehmen für politisch einen Hauch rechts von der Mitte angesiedelt.

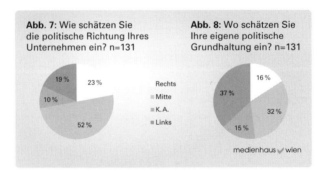

Abb. 7: Wie schätzen Sie die politische Richtung Ihres Unternehmen ein? n=131

Abb. 8: Wo schätzen Sie Ihre eigene politische Grundhaltung ein? n=131

Befragt nach eigenen Parteisympathien präsentieren sich Medienmanagerinnen und -manager mehrheitlich als Unabhängige. Neben jenen (nur) 10 %, die dazu grundsätzlich die Auskunft verweigern, erklären 41 %, „ich neige keiner Partei zu". Diese deklarierte Äquidistanz zu Parteien ist bei General Management und Redaktionsmanagement ganz ähnlich ausgeprägt.

Rund eine Hälfte äußert aber doch Präferenzen bei der dafür üblichen Fragestellung. („Das heißt nicht, dass Sie diese Partei immer wählen, sondern nur, dass Sie ihr – ganz allgemein gesprochen – zuneigen.") Und es sind dabei – nur auf den ersten Blick überraschend – die Grünen, die fast ein Viertel der Managerinnen und Manager zu ihren Sympathisanten zählen können. 15 % entscheiden sich für die ÖVP, 8 % für die SPÖ, 1 % – also nur einer der Befragten – für die FPÖ.

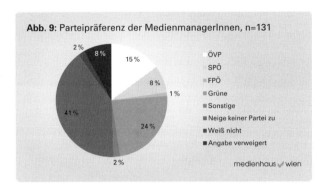

Abb. 9: Parteipräferenz der MedienmanagerInnen, n=131

ÖVP
SPÖ
FPÖ
Grüne
Sonstige
Neige keiner Partei zu
Weiß nicht
Angabe verweigert

medienhaus ✓ wien

Erneut hilft die Unterscheidung nach General Management und Redaktionsverantwortlichen bei der Differenzierung. Unter den journalistisch Verantwortlichen finden sich 34 % Grün-Sympathisanten – dieses Drittel der Befragten entspricht exakt der Zahl, die in den früheren „Journalisten-Reports" (Kaltenbrunner et al. 2008: 53) auch für alle Journalistinnen und Journalisten in Österreich erhoben wurde. Im General Management wiederum finden sich neben der großen Gruppe der zu allen Parteien Äquidistanten (42 %) zwei etwa gleich große Gruppen von Parteisympathisanten, die jeweils rund ein Fünftel der Befragten ausmachen und ÖVP (18 %) oder Grünen (21 %) zuneigen.

Die Grundtendenz der politischen Selbsteinschätzungen von Medienmanagerinnen und Medienmanagern ist also sehr ähnlich jener Positionierung, die sich in unseren früheren Befragungen mit Journalistinnen und Journalisten zeigt: Eine tendenziell kritische Gruppe, die sich – (siehe auch Kapitel „Wer sie sind, was sie tun und wie sie denken" von Daniela Kraus, S. 29ff.) – als leitende Kräfte einer vierten Gewalt, als Kontrolleur gesellschaftlicher, politischer und wirtschaftlicher Entwicklung sieht, ordnet sich nicht unlogisch als links der Mitte ein.

Ein weiterer Befund, den wir für Journalistinnen und Journalisten allgemein erhoben hatten, trifft anscheinend auch auf die Managements zu: Im Altersdezil der 40- bis 49-Jährigen haben die Grünen in dieser Berufsgruppe den relativ größten Zuspruch (29 %). „Das ist jene Medienmacher-Generation, deren eigene politische Sozialisation mit der Entstehung der Grünen als ökologischer Protestbewegung ab den späten siebziger Jahren und der Etablierung als Parlamentspartei 1986 zusammenfiel" (Kaltenbrunner et al. 2008: 54). Jüngere in den General Managements sehen auch eine gewisse Affinität zu Positionen der ÖVP. Nur eine Handvoll der Befragten stellt bei sich Nähe zur SPÖ fest. Sympathisanten von FPÖ, BZÖ und anderen Klein- oder Regionalparteien sind seltene Einzelfälle. Hier kann aber angenommen werden, dass – ähnlich wie bei Befragungen in der Gesamtbevölkerung – bei diesen Parteien die Deklarationsbereitschaft bei Managerinnen und Managern geringer ist. Manche Sympathisantinnen und Sympathisanten von FPÖ oder BZÖ verweigern in Umfragen Angaben oder präsentieren sich als gänzlich parteifern. Ob es in den Medienmanagements Sympathien für den austrokanadischen Unternehmer Frank Stronach und sein neues Bündnis gibt, konnte nicht festgestellt werden. Die Befragung wurde durchgeführt, bevor sich die Parlamentsfraktion formiert hatte und deren Kandidatur bekannt war.

Wie zuletzt 2010 Österreichs Politikjournalistinnen und -journalisten wurden 2012 die Medienmanagerinnen und -manager gefragt, welche Medien ihrer Meinung nach „die öffentlichen Diskussionen in Österreich beeinflussen". Insgesamt 15 nationale Medienmarken (Tageszeitungen, Wochenmagazine, Rundfunk/TV-Anbieter) wurden zur Bewertung angeboten, dazu noch die regionale *Kleine Zeitung* aufgrund ihrer marktbeherrschenden Verbreitung in zwei Bundesländern.

Die Bewertung 1 oder 2 auf der fünfteiligen Skala wird von 95 % der befragten Managerinnen und Manager an die *Kronen Zeitung* gegeben, von 88 % dem öffentlich-rechtlichen Rundfunk. *Standard*, *profil* und *heute* rangieren knapp unter der Zweidrittelmarke.

Im Vergleich zu den Angaben der Politikjournalistinnen und -journalisten im Jahr 2010 gibt es bei zwei Tageszeitungstiteln eine auffällige Differenz: Während 68 % der Politikjournalistinnen und -journalisten dem *Kurier* Einfluss auf den öffentlichen Diskurs zusprechen, nehmen das nur 58 % der Medienmanagerinnen und -manager so wahr. Umgekehrt halten deutlich mehr Managerinnen und Manager (65 %) den *Standard* für diskursrelevant als Politikjournalistinnen und -journalisten (50 %).

Ganz oben, ein Stück noch vor dem *ORF*, steht in diesem Ranking jedenfalls auch bei den Medienmanagerinnen und -managern die im Markt dominierende *Kronen Zeitung*. Sie vertritt in der Berichterstattung besonders vehement die eigenen medienpolitischen Interessen. So ist die neue „Transparenzdatenbank", die *Kronen Zeitung* und auch die nicht gesellschaftsrechtlich, aber familiär verbundene Gratiszeitung *heute* als größte Profiteure bei öffentlichen Inseratenausgaben ausweist (Fidler/Gossy 2013), kaum ein Thema. Dafür werden jedoch etwa Presseförderung und Zahlungen an den *ORF* regelmäßig kritisiert. Die Forderungen des *ORF*-Managements nach einer zusätzlichen „Ge-

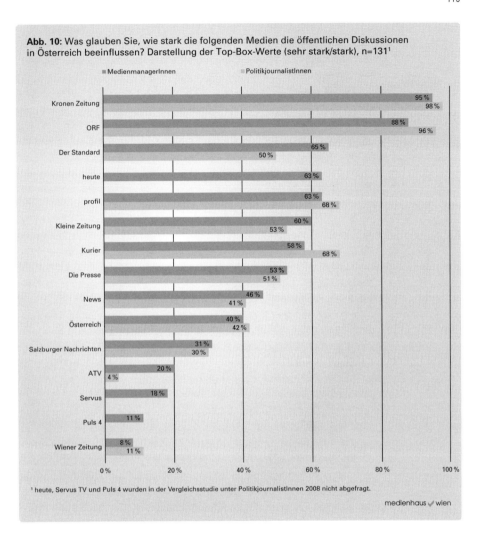

Abb. 10: Was glauben Sie, wie stark die folgenden Medien die öffentlichen Diskussionen in Österreich beeinflussen? Darstellung der Top-Box-Werte (sehr stark/stark), n=131[1]

¹ heute, Servus TV und Puls 4 wurden in der Vergleichsstudie unter PolitikjournalistInnen 2008 nicht abgefragt.

medienhaus ✔ wien

bührenrefundierung" und der Wunsch des Verlegerverbands höherer Presseförderung „sprengen alle sittlichen Grenzen. Sogar die in diesen Fragen sonst ängstlichen Leitfiguren bei SPÖ und ÖVP lehnen die maßlosen Begehrlichkeiten ab" (Pándi 2013: 6). So wettert die selbst mit öffentlichen Werbegeldern höchstdotierte Zeitung gegen die Wünsche der Konkurrenz. Zeitungen sollten schauen, „wie sie aus eigener Kraft über die Runden kommen". Bei großen Teilen des Publikums kommt die Argumentation vermutlich gut an, die Hybris solcher Interessenartikulation wird außerhalb kleiner Fachzirkel kaum erkannt. Was wir über Medien wissen, wissen wir aus den Medien. Ob es sich Politik da leisten kann, mit eigener Überzeugung auch gegen unmittelbare medienpolitische Interessen der größten Mediengruppen und ihrer Managements den Markt zu regulieren? „Österreich ist eine Boulevarddemokratie", erklärt Politikwissenschaftler Fritz Plasser, rät aber im Interview mit dem Nachrichtenmagazin *profil* den politischen Entscheidungsträgern zu selbstbewusster Gelassenheit: „Alle Detailanalysen zeigen, dass *Kronen Zeitung* und Co. ihr unglaubliches Einflusspotenzial nur entfalten können, wenn die Führungs- und Überzeugungskraft einer Regierung nur gering ist" (Plasser 2013).

Literatur

Bescheid der Kommunikationsbehörde Austria, KOA 11.260/11-018 vom 25.01.2012. http://www.ris.bka.gv.at/Dokumente/Bks/BKST_20120425_611009_0002_BKS_2012_00/BKST_20120425_611009_0002_BKS_2012_00.html (Stand: 21.03. 2013).

Bruck, Peter A./Kopper, Gerd G. (Hg.) (1993): Medienmanager Staat. Von den Versuchen des Staates Medienvielfalt zu ermöglichen. Medienpolitik im internationalen Vergleich. Fischer. München.

Ergert, Viktor (1977): 50 Jahre Rundfunk in Österreich. Residenz-Verlag. Salzburg. Bd. 3.

Fidler, Harald/Gossy, Florian (2013): 65,2 Millionen: Öffentliche Werbung stieg im 4. Quartal stark. http://derstandard.at/1363239115504/652-Millionen-Euro-Oeffentliche-Werbung-im-4-Quartal-fast-verdoppelt (Stand: 21.03. 2013.)

Haas, Hannes (2012): Evaluierung der Presseförderung in Österreich. Status, Bewertung, internationaler Vergleich und Innovationspotenziale. Eine Studie im Auftrag des Bundeskanzleramtes Österreich. http://www.bka.gv.at/DocView.axd?CobId=50443 (Stand: 21.03. 2013).

Jarren, Otfried/Donges, Patrick (2002): Politische Kommunikation in der Mediengesellschaft. Eine Einführung. VS Verlag für Sozialwissenschaften. Wiesbaden.

Kaltenbrunner, Andy (1998): Keine Brüche im Umbruch. Die Kontinuitäten österreichischer Medienpolitik in einem bewegten Medienmarkt. In: ÖZP, 1998/2. S. 105–116.

Kaltenbrunner, Andy (2006): Medienpolitik. In: Talos, Emmerich (Hg.): Schwarz Blau. Eine Bilanz des Neu Regierens. LIT. Wien. S. 117–136.

Kaltenbrunner, Andy/Karmasin, Matthias/Kraus, Daniela/Zimmermann, Astrid (2008): Der Journalisten-Report II. Österreichs Medienmacher und ihre Motive. facultas.wuv. Wien.

Meyer, Thomas (2001): Mediokratie. Die Kolonisierung der Politik durch die Medien. Suhrkamp. Frankfurt a. M.

Murschetz, Paul (1998): State Support for the Press: A Critical Appraisal – Austria, France, Sweden and Norway Compared. In: European Journal of Communication, Vol. 13(3). S. 291–313.

Muzik, Peter (1984): Die Zeitungsmacher. Österreichs Presse, Macht, Meinung und Milliarden. Orac. Wien.

Pándi, Claus (2013): Sparpläne gäbe es genug, aber der ORF will lieber 30 Millionen Euro vom Staat. In: Kronen Zeitung, 10.03. 2013. S. 6.

Plasser, Fritz (Hg.) (2010): Politik in der Medienarena. Praxis politischer Kommunikation in Österreich. facultas.wuv. Wien.

Plasser, Fritz (Hg.) (2004): Politische Kommunikation in Österreich. Ein praxisnahes Handbuch. WUV. Wien.

Plasser, Fritz (2013): Fritz Plasser: „Ich war nie der Beruhigungsonkel". http://www.profil.at/articles/1308/560/353074/fritz-plasser-ich-beruhigungsonkel (Stand: 21.03. 2013).

RTR (2009): Privatrundfunkfonds. https://www.rtr.at/de/foe/PRRF_Fonds (Stand: 23.02. 2013).

Sarcinelli, Ulrich (1989): Mediatisierung und Wertewandel: Politik zwischen Entscheidungsprozeß und politischer Regiekunst. In: Böckelmann, Franz E. (Hg.): Medienmacht und Politik. Mediatisierte Politik und Wertewandel (Schriftenreihe der Arbeitsgruppe Kommunikationsforschung München, Bd. 30, im Auftrag des Presse- und Informationsamtes der Bundesregierung). Volker Spiess Verlag. Berlin. S. 165–178.

Sarcinelli, Ulrich (1994): Mediale Politikdarstellung und politisches Handeln. Analytische Anmerkungen zu einer notwendigerweise spannungsreichen Beziehung. In: Jarren, Otfried (Hg.): Politische Kommunikation in Hörfunk und Fernsehen. Leske + Budrich. Opladen. S. 35–50.

Schmolke, Michael (1991): Von der „schlechten Presseförderung" in Österreich. In: Wirtschaftspolitische Blätter, 3/1991. S. 337–346.

Smudits, Alfred (1993): Medienpolitik in Österreich. Die zur Form geronnene Kultur der Sozialpartnerschaft. In: Bettelheim, Peter/Harauer, Robert (Hg.): Ostcharme mit Westkomfort. Beiträge zur politischen Kultur in Österreich. Promedia. Wien. S. 174–190.

Vowe, Gerhard (2003): Medienpolitik – Regulierung der öffentlichen Kommunikation. In: Altmeppen, Klaus-Dieter/Karmasin, Matthias (Hg.): Medien und Ökonomie. Kommunikations- und Medienwissenschaft, Wirtschaftswissenschaft. Westdt. Verlag. Wiesbaden.

Wenzel, Corinna/Trappel, Josef/Gadringer, Stefan (2012): Zur Qualität im Privatrundfunk, Schriftenreihe der Rundfunk- und Telekom Regulierung GmbH. Nr. 2/2012. http://www.rtr.at/de/komp/Schriftenrei-heNr22012/Band2-2012.pdf (Stand: 21.03. 2013).

Wittmann, Heinz (1991): Die Kontrolle des Wettbewerbs auf dem Me-dienmarkt. In: Wirtschaftspolitische Blätter, 3/1991. S. 318–324.

Wyss, Vinzenz/Studer, Peter/Zwyssig, Toni (2012): Medienqualität durch-setzen. Qualitätssicherung in Redaktionen. Zürich. Orell Fuessli.

Kommentar: Hermann Petz
Erwartungen an eine zukunftsweisende Medienpolitik in Österreich

Eigentlich sollte es die große Herausforderung der Medien sein, den Wandel, in dem sich die Welt gerade befindet, zu beschreiben. Ihre Pflicht wäre es, die nationalen, europäischen und globalen Veränderungen zu deuten, die großen Transformationen in Wirtschaft und Gesellschaft mit Information und Analyse zu begleiten, das Vokabular der neuen Zeit zu buchstabieren – kurz: Kompass und Lotse zu sein in dieser neuen Unübersichtlichkeit. Diese klassische Aufgabe der viel zitierten vierten Gewalt, vorurteilsfrei alle relevanten Informationen dem Bürger zur Verfügung zu stellen und dem Diskurs der demokratischen Öffentlichkeit, diesem Lebenselixier der Res Publica ein Forum zu geben, diese Kernkompetenz ist vielfachen Gefährdungen ausgesetzt.

Anzeigenrückgänge und Auflagenschmelze

Die Probleme beginnen auf der wirtschaftlichen Ebene. Die Finanz- und Wirtschaftskrise, die 2013 in ihr fünftes Jahr geht, hat viele Unternehmen in Schwierigkeiten gebracht und ihre Werbebudgets schrumpfen lassen. Das Inseratenaufkommen ist gesunken und damit wurde das Fundament des Verlagsgeschäfts geschwächt. Gleichzeitig gehen bei vielen Printmedien die Auflagen zurück, wenngleich es auch neue Erfolgsgeschichten gibt. Weniger Auflage bedeutet wiederum schlechtere Werbetarife und dieser Circulus Vitiosus wird zur negativen Spirale nach unten. Weniger Leser, weniger Auflage – ein Teufelskreis, der auch schon Opfer gefordert hat, etwa die *Financial Times Deutschland*, die nach zwölf Jahren aufgeben musste, oder die insolvente *Frankfurter Rundschau* oder *Newsweek*, das nur noch online erscheint. Online ist auch ein Schlüsselwort für die Herausforderungen der klassischen Zeitung. Wenn ich Informationen im Internet schnell und kostenlos bekomme, brauche ich kein Blatt mehr, für das ich bezahlen muss. So jedenfalls denken vor allem viele jüngere Menschen. Diese mediale Gratismentalität konterkariert alle Bemühungen, mit der Einführung von Paywalls qualifizierten Content wieder verkaufen zu können. Die Unkultur, Inhalt zu verschenken, mit dem man Geld verdienen kann, ist schon so weit verbreitet, dass ein Zurück schwierig wird, gleichwohl natürlich mit Vehemenz versucht werden muss.

Politik und Medien

Kein Rückenwind kommt für die Medien im Allgemeinen und die Zeitungen im Besonderen von der Politik. Das beginnt schon damit, dass die aktuelle Politik in Österreich seit Jahren in vielen Bereichen wenig Lösungskompetenz entwickelt und wenig weiterbringt. Zu diesem Befund kommt auch Andy Kaltenbrunner in seiner Analyse zu Medienmanagement und Politik (siehe Kapitel „Die neue Transparenz") für die vorliegende Studie. Die wechselseitige Blockade der Regierungsparteien und der permanente Wahlkampf haben zu einer Politiker- und Parteienverdrossenheit geführt, die das Interesse an der Berichterstattung über Innenpolitik erlahmen lässt. Dazu kommt, dass die Glaubwürdigkeit der medialen Kritikfunktion in ein schiefes Licht gerät, wenn Inseratenaufträge einseitig vergeben werden und die auf diese Weise bevorzugten Boulevardmedien sich dem Verdacht aussetzen, sich für diese Wohltaten erkenntlich zu zeigen.

Politik und Medien leben in einem ambivalenten Verhältnis, jedenfalls in wechselseitiger Abhängigkeit. Distanz ist wichtiger denn je. Diese ist in einem kleinen Markt wie Österreich besonders schwer einzuhalten. Ein allzu dichtes Geflecht zwischen Politik, Medieneigentümern und Redaktionen sehen auch die befragten Medienmanager und Medienmanagerinnen, vier von fünf Führungskräften sind der Ansicht, dass es in Österreich „ein hohes Ausmaß an Konzentration bei der Eigentümerschaft an Medien" gibt (siehe Kapitel „Die neue Transparenz" von Andy Kaltenbrunner, S. 109).

Gestylte Politiker mit Beraterstäben im Schlepptau versuchen die Medien für ihre Sache zu instrumentalisieren und für ihre Ziele zu ködern. Wenn die Beziehung allzu symbiotisch wird, wird es heikel. In Deutschland macht derzeit ein Buch Furore, das den provokanten Titel „Die gehetzte Politik" trägt. Die Herausgeber Bernhard Pörksen und Wolfgang Krischke sehen ein „überhitztes System": Die Beschleunigung des medialen Informationsausstoßes setze Journalisten und Politiker gleicherweise unter Zugzwang, der Eindruck der Atemlosigkeit und des Getriebenseins verstärke sich, die politischen Akteure seien zunehmend in der Defensive, der Turbojournalismus jage die Politik. Wie auch immer – das Zeitungsgeschäft ist nicht leichter geworden und ich habe versucht, einige Faktoren herauszuarbeiten, die die Rahmenbedingungen für die Arbeit von Medienmanagements und ihrer Redaktionen bestimmen.

Wettbewerb und Qualität

Zeitungen sollten sich auch vor Qualitätsverlust durch allzu viel Boulevardisierung hüten. Immer mehr beherrschen Zuspitzung, Skandalisierung,

Kampagnisierung und Sensationsmache die Szene, und Seriosität und Fairness bleiben auf der Strecke. Die einfachen „Wahrheiten" haben Konjunktur. Die verantwortungsvollen Medien für den besorgten Citoyen sind in diesem Wettbewerb der Schlagzeilen oft die Verlierer, und ganz nach dem Gesetz von Angebot und Nachfrage boomen in einer immer bildungsferneren Gesellschaft die Wut-Medien für die Wut-Bürger. Und wie die Gesellschaft Gefahr läuft auseinanderzudriften, sich zu teilen in Erfolgreiche und Modernisierungsverlierer, so segmentiert sich die Presselandschaft immer mehr zuungunsten der anspruchsvollen Zeitungen. Das muss auch die Politik mit Sorge erfüllen und deshalb steht auf der Wunschliste des Verbands Österreichischer Zeitungen (VÖZ) an die Medienpolitik eine Reform der Presseförderung ganz oben. Pressefreiheit ist nicht nur Gewerbefreiheit, die Nachricht ist mehr als eine Ware und diese besondere politische und gesellschaftliche Funktion der Zeitung, die schon angesprochen wurde, legitimiert staatliche Maßnahmen zur Verteidigung von Qualität, Vielfalt und Unabhängigkeit der Presse.

Presseförderung ist Investition in demokratische Infrastruktur
Der Verband Österreichischer Zeitungen stellt mit Befriedigung fest, dass die Bundesregierung die Notwendigkeiten des Medienmarkts in einem schwierigen wirtschaftlichen Umfeld zumindest erkannt hat. Auch die *Moser Holding* begrüßt die grundsätzliche Einigung der Koalitionspartner auf eine deutliche Erhöhung der Presseförderung. Diese Förderung ist in den letzten zehn Jahren schrittweise ausgedünnt worden und sank von 19 Millionen Euro auf 10,4 Millionen Euro. Zieht man in Betracht, dass der *ORF* eine Gebührenanhebung von 176 Millionen Euro (1980) auf nahezu 600 Millionen Euro (2012) durchsetzen konnte, dann ist zur Stärkung des dualen Mediensystems in Österreich auch eine Höherdotierung der Förderung des Printsektors sinnvoll. Demokratiepolitisch könnte man mit einer höheren Förderung auch für mehr Waffengleichheit im Verhältnis zwischen Politik und Presse argumentieren – schließlich ist die Parteienförderung im Jahr 2012 deutlich angehoben worden! Jedenfalls ist ein Beschluss im Nationalrat noch in dieser Legislaturperiode ein zentrales Anliegen und ich freue mich, dass die vom Bundeskanzleramt in Auftrag gegebene Studie des Wiener Universitätsprofessors Hannes Haas eine Anhebung auf 50 Millionen Euro „realistisch und sinnvoll" nennt. (Allein durch eine Inflationsanpassung der Presseförderung aus den Neunzigerjahren müsste sich schon eine Summe von über 30 Millionen Euro ergeben.)
Haas findet das bestehende Fördermodell grundsätzlich praktikabel (ich bin da skeptischer), aber heillos unterdotiert. Vom Volumen her als

Benchmark schwebt uns das dänische Modell vor. Dänemark gibt jährlich 54 Millionen Euro dafür aus, das ist pro Kopf 9,8 Euro gegenüber 1,3 Euro in Österreich. Dänemark hat dafür mit 30 Tageszeitungen eine doppelt so große Titelvielfalt wie Österreich mit 16.

Neue Kriterien für die Presseförderung

Sinnvoll ist aus meiner Sicht eine tabulose Reform der Förderkriterien. Ich denke, dass es ein guter Anknüpfungspunkt für eine „Presseförderung neu" wäre, die Anzahl der fix angestellten Journalisten und Journalistinnen in einem Medium zu einem wesentlichen Maßstab zu machen. Dadurch würden sich automatisch andere Relationen als rein über die Auflage ergeben und das wäre auch ein gewisser Ausgleich zwischen verschieden großen Medien. Weiters könnte man beispielsweise den Vertrieb oder die Zustellung von abonnierten Exemplaren gezielt fördern. Ein weiterer Ansatzpunkt ist für mich die Aus- und Weiterbildung von Journalisten. Eindeutiger als über Bildung kann das Commitment zur Qualitätsförderung kaum abzubilden sein. Durchaus vorstellen kann ich mir, auch Online-Medien zu fördern. Sie müssten dann ebenfalls gewissen Qualitätskriterien unterliegen. Hier ist wieder Dänemark ein Best-Practice-Land: Dort müssen mindestens drei Redakteure oder Redakteurinnen angestellt sein, damit ein Online-Dienst Mittel aus dem Fördertopf erhält. Unser eigentliches Problem liegt aber woanders: Wir sind mit dem Phänomen konfrontiert, dass verschiedene Online-Geschäftsmodelle insbesondere aus den USA zu uns herüberschwappen. Internationale Konzerne saugen die Werbung schon fast vampirartig ab, ohne auch nur einen Cent an Wertschöpfung in Österreich oder Europa zu lassen. Dieses Thema wird noch größer werden, hier besteht Handlungsbedarf.

Grundsätzlich geht es bei der Presseförderung nicht darum, Medien, die ohne Förderung nicht bestehen können, an den Subventionstropf der staatlichen „Herz-Lungen-Maschine" zu hängen. Es geht darum, Medien mit besonderer demokratiepolitischer Relevanz und entsprechender Qualität zu fördern.

Online-Journalismus und Leistungsschutz

Medien müssen mit Leistungen im Online-Journalismus Geld verdienen können. Voraussetzung für die Realisierung dieser Forderung ist ein Schulterschluss aller Anbieter. Solange der *ORF* kostenfrei Nachrichten in guter Qualität online stellt, ist es leider unwahrscheinlich, dass dieses Ziel umsetzbar wird. Solange der *ORF* seine News nicht hinter eine Paywall stellt, wird die Debatte über Paid Content bei den anderen Marktteilnehmern utopisch bleiben. Aber: Erbrachte Leistung muss einen Gegenwert haben. Deutschland hat im März 2013 journalistische Inhalte im Web gesetzlich unter Schutz gestellt, daraus erwächst ein gewisser Handlungsbedarf in Österreich. Nach meinem Eindruck ist das Bewusstsein für das Thema in Ministerien und Öffentlichkeit in letzter Zeit erwacht. Wir verlangen Rechtssicherheit für unseren Content und einen fairen Anteil, wenn unsere Inhalte von Dritten gewerblich verwertet werden. Es ging ja nie um private Nutzer und Blogger. Die Freiheit im Netz wird durch den Leistungsschutz nicht gefährdet. Zitieren, verlinken oder kopieren von Presseinhalten bleiben für private Nutzer weiter frei. Aber kommerziell sieht das anders aus. Ich bringe ein Beispiel: Man stelle sich vor, jemand würde aus verschiedenen gedruckten Zeitungen einzelne Artikel ausschneiden und daraus eine Zeitung produzieren. Dafür wurde aber kein Text selbst verfasst und kein einziger Journalist beschäftigt. Das würde man in gedruckter Form nie zulassen. Im Internet ist aber eine „Moral" eingerissen, die das in Ordnung findet. Und hinter diesen News-Aggregatoren stehen ganz massive Geschäftsmodelle, gegen die es vorzugehen gilt.

Die Rolle des *ORF*

Die in der Studie angesprochene Frage, ob sich der *ORF* in Richtung Social Media öffnen soll, greift aus meiner Sicht zu kurz – hier müsste die Medienpolitik an einer höheren Stelle ansetzen. Die Frage ist doch: Sollten wir Geschäftsmodelle fördern, die nichts an Wertschöpfung in Österreich lassen? Werbemittel, von denen kein Cent im Land bleibt? Als Denkanstoß: Welche Alternativen bieten sich? Wäre ein Social Media 2.0 werbefrei vorstellbar? Übrigens hätte ich nichts dagegen gehabt, wenn dem *ORF* die Gebührenrefundierung verlängert worden wäre. Die Mittel hätten zweckgebunden für qualitativen Journalismus gewidmet werden können, schließlich ist der *ORF* ein wesentliches Medium für die demokratiepolitische Entwicklung in Österreich. Mein Hauptproblem mit dem *ORF* ist und bleibt die fehlende Bezahlschranke online. Grundsätzlich wäre es ein Fehler, den *ORF* zu schwächen. Auch eine Privatisierung wäre eine solche Schwächung. Deshalb kann ich das Votum in der Umfrage nicht nachvollziehen, wonach 62 % der Medienmanager und Medienmanagerinnen eine Privatisierung des *ORF* „teilweise oder ganz" befürworten würden. Das *ORF*-Fernsehen wäre in dieser Qualität nur aus Werbeeinnahmen nicht finanzierbar. Ich bin weiters sicher, dass die Filmförderung, die immer wieder internationale Preise generiert, ebenso wie das Radio-Symphonieorchester oder das werbefreie Qualitätsprogramm *Ö1* in ihrer identitätsstiftenden Funktion akut bedroht wären, wenn der *ORF* auf Gebühren verzichten müsste.

Aus der Sicht des Westens

Was mich als Manager eines Tiroler Medienhauses mit überregionaler Bedeutung manchmal etwas stört, ist die Unterschätzung des Westens in der medialen Wahrnehmung. Ich bin überzeugt, dass die Rolle der westlicheren Medien in der öffentlichen Diskussion viel größer ist, als das Ranking – auch in dieser Studie – suggeriert. Diese Sichtweise ist allzu Wien zentriert, schließlich leben von den sieben Millionen potenziellen Mediennutzern in Österreich immerhin vier Millionen in den Bundesländern Vorarlberg, Tirol, Salzburg, Oberösterreich, Steiermark und Kärnten. *Vorarlberger Nachrichten*, *Tiroler Tageszeitung*, *Salzburger Nachrichten*, *Oberösterreichische Nachrichten* und *Kleine Zeitung* haben zusammen mehr als zwei Millionen Leser. Auch ein regionales Medienhaus beschäftigt sich mit nationalen und internationalen Themen. Dass beispielsweise die *TT* in Tirol immerhin 50 % der Bevölkerung erreicht, findet keinen Niederschlag in der vorliegenden Umfrage.

Vielfalt, Qualität, Unabhängigkeit

Die Qualitätszeitungen und der *ORF* leisten den größten Beitrag zur gesellschaftlichen und kulturellen Identität Österreichs. Sie bilden das demokratiepolitische Fundament der Republik. Die Qualität der Medien und damit auch die Qualität des öffentlichen Diskurses über den Weg, den wir alle gemeinsam gehen sollten, hängt vom Pluralismus der Stimmen ab, die sich an dieser Debatte beteiligen, und von der Fairness der Akteure. Der *ORF* muss der Gefahr der schleichenden Trivialisierung begegnen und er muss seinen hohen Standards in der Information treu bleiben. Die besondere Rolle der Presse besteht im Vergleich zum *ORF* über die Information hinaus im Angebot von wohlbegründeter, solide argumentierter Meinung. Erst das breite Spektrum der Meinungen liefert jene Orientierungsleistung, die den mündigen Bürger in die Lage versetzt, sich ein Bild zu machen. Die Umfrage zeigt, dass die Medienmanager und Medienmanagerinnen, Journalisten und Journalistinnen in Österreich durchaus politisch Position beziehen. Die linke Mehrheit, die da sichtbar wird, ist aber meines Erachtens kein Verlust an Unabhängigkeit. Im Grunde sind Journalisten genauso wie Manager kritisch und sachlich. Unterm Strich kann man bei allen Unterschieden in der Fremd- und Selbstwahrnehmung der befragten Personen wahrscheinlich schon eine Ausgewogenheit in der politischen Linie feststellen – und diese Unabhängigkeit ist von großer Bedeutung. Was die Zukunft der Zeitungen angeht: Man soll keine Endzeitszenarien entwerfen. Es wird keine Printapokalypse geben, sondern ein Nebeneinander von gedruckter Presse und Online. In welcher Form der intelligente Content angeboten wird, ist nicht mehr die entscheidende Frage, sobald es gelingt, auch Netzinhalte zu attraktiven Produkten am Markt zu machen. Dazu ist eine moderne, sich den Herausforderungen stellende Medienpolitik notwendig. Ich hoffe und bin zuversichtlich, dass die Entscheidungsträger die Zeichen der Zeit erkannt haben. Wir Medienmanager sind zu konstruktiven Lösungen immer bereit.

Kommentar: Alexander Wrabetz
Warum Österreich (leider) kein gallisches Dorf ist!

Wie alle europäischen Medienmärkte, so ist auch der österreichische seit 15 Jahren von zwei eng miteinander verzahnten Entwicklungen geprägt: von der Liberalisierung und Beschleunigung des Wettbewerbs durch immer mehr Marktteilnehmer zum einen und von der Digitalisierung der Übertragungswege, die zahlreiche neue und immer raschere Kommunikationswege eröffnet, zum anderen. Aus der Leser-, Hörer- und Seherschaft wurden User und Userinnen. Vor dem Hintergrund dieser nachhaltigen Umwälzungen hatte die heimische Medienwirtschaft die Finanz- und Wirtschaftskrise zu verdauen, die alle österreichischen Medienunternehmen extrem gefordert hat. Die Grenzen der nationalen Märkte haben sich weitestgehend aufgelöst: Heute sind die großen deutschen Medienkonzerne und globale Giganten wie *Google*, Apple, Amazon und Co. mit ihrer geballten Finanzkraft direkte Konkurrenten der heimischen Medienhäuser. Wie sehr dies den österreichischen Markt schwächt, der sich einen Abfluss von Werbemitteln eigentlich gar nicht leisten kann, sei an zwei Beispielen illustriert:
Im Fernsehen verfügen deutsche und internationale Medienkonglomerate mittlerweile über mehr als 50 % des Marktanteils und haben durch ihre schon elf TV-Werbefenster in Österreich in den vergangenen 15 Jahren sage und schreibe mehr als 2,6 Milliarden Euro Werbegeld verdient, ohne irgendeine nennenswerte Programmleistung erbracht zu haben. Der ehemalige *RTL*-Chef Helmut Thoma hat dies bei einer Enquete offen auf den Punkt gebracht: „Wir haben keine Kosten fürs Programm und kassieren nur die Werbung ein. Das ist sozusagen die Idealform. Ganz ehrlich. Wunderbar." (Parlamentarische Enquete, 2009[3]) Ein Thema, das die Zuwendung der Medienpolitik mindestens so sehr verdienen würde, wie, sagen wir, die Frage, ob der *ORF* nun *Facebook*- oder *Twitter*-Seiten betreiben darf – oder „soll", so wie es in der entsprechenden Frage ans österreichische Medienmanagement für die vorliegende Studie formuliert wurde (siehe dazu Kapitel „Die neue Transparenz" von Andy Kaltenbrunner, S. 111).
Der einzige Bereich des Werbemarkts, der international – und etwas bescheidener auch in Österreich – boomt, ist die Online-Werbung. Die größten Umsätze online machen internationale Anbieter wie *Google*, *Facebook* und Co. Zum Abfluss von Werbegeldern in deutsche Werbe-

---

3 Parlamentarische Enquete (2009): „Öffentlich-rechtlicher Rundfunk – Medienvielfalt in Österreich". Parlamentarische Enquete des Nationalrates. Donnerstag, 17.09. 2009. http://www.parlament.gv.at/PAKT/VHG/XXIV/VER/VER_00002/fnameorig_168905. html (04.06. 2013).

fenster kommt noch jener in global agierende Player der Internetwelt. Österreichische Anbieter haben dem wenig entgegenzusetzen und profitieren kaum von dieser Entwicklung. Die internationalen Medienkonzerne haben nicht zuletzt auch deshalb leichtes Spiel in Österreich, weil es die heimischen Player bisher nicht geschafft haben, gemeinsame Strategien zu entwickeln.

Wenn der österreichische Medienmarkt bestehen, seine Eigenständigkeit behaupten und weiterhin allen österreichischen Marktteilnehmern Luft zum Atmen bieten soll, dann sind neues Denken und neue Allianzen nötig.

Zahlen und Fakten zum *ORF*

Derzeit verbringen die heimischen Medienhäuser noch viel zu viel Zeit mit dem Wechseln unternehmenspolitischen Kleingeldes, anstatt ihre gemeinsamen Interessen zu formulieren und durchzusetzen. Vor diesem Hintergrund ist es für den *ORF* als größtes österreichisches Medienunternehmen in der Auseinandersetzung mit seinen Mitbewerbern oft schwer, ein „faires Verfahren" zu bekommen. Er ist fast schon traditionellerweise Reibebaum Nummer eins. Die viel zitierte Unschuldsvermutung gilt für den *ORF* nicht immer. Aber ist der freie Wettbewerb tatsächlich in Gefahr? Ist das *ORF*-Programm wirklich so miserabel und hat der *ORF* in der Tat so schlecht gewirtschaftet, wie die Mitbewerber überzeugt sind? Ein Blick auf die nackten Zahlen und Fakten zeichnet ein etwas anderes Bild:

Die Daten der Medien- wie auch der Meinungsforschung attestieren dem *ORF* auch im internationalen Vergleich relativ hohe Publikumsakzeptanz: Die Senderfamilie im Fernsehen erreicht einen Marktanteil von rund 39 %, im Radio 74 % und *ORF.at* ist die mit Abstand bestgenutzte News-Seite des Landes. Nach einer aktuellen Studie des Market-Instituts sind 94 % der Österreicherinnen und Österreicher der Meinung, der *ORF* soll sein Programmangebot in dieser Form beibehalten oder sogar ausbauen.

Und auch gewirtschaftet hat der ORF in den vergangenen Jahren sehr gut und seine viel zitierten Hausaufgaben gemacht: Seit 2007 wurden rund 600 Dienstposten abgebaut. Seit 2009 konnten 60,9 Millionen Euro beim Personalaufwand eingespart werden, bei den Sachkosten 33,1 Millionen Euro. Der *ORF* hat das Seine dazugetan und die Auswirkungen der Wirtschafts- und Finanzkrise durch ein nachhaltiges Spar- und Restrukturierungsprogramm aus eigener Kraft bewältigt. Er schreibt auch 2012 wieder schwarze Zahlen. Das ist keine Selbstverständlichkeit, denn stetig steigenden Kosten stehen durch Preisdruck der Werbefenster rückläufige Werbeerträge gegenüber. Die Programmentgelte wurden seit 30 Jahren immer nur unterhalb der Teuerung angepasst. Die zusätzlichen Mittel aus der sogenannten Gebührenrefundierung, also dem ohnehin nur teilweisen Ersatz jener Gelder, die dem ORF durch die vom Gesetzgeber aus sozialen Gründen ausgesprochene Programmentgeltbefreiung entgehen, wurden in qualitativ hochwertige und vom Publikum sehr gut angenommene Programminnovationen investiert – insgesamt 160 Millionen Euro in vier Jahren. Als Beispiele seien nur die beiden neuen Spartenkanäle *ORFIII – Information und Kultur* und *ORF Sport +*, die *ORF-TVthek*, Rekordinvestitionen in die österreichische Filmwirtschaft und zahlreiche Landesstudioproduktionen genannt. Die Gelder waren gesetzlich zweckgewidmet, ihre Verwendung wurde jährlich von der Regulierungsbehörde überprüft.

Öffentlich-rechtlich: Garant für österreichische Medienidentität
Doch bei öffentlich-rechtlichen Medien geht es eigentlich gar nicht um Bilanzen und Marktdaten, es geht um Medienqualität, die den Bürgerinnen und Bürgern ausgewogene, unabhängige Information, hochwertige Unterhaltung, Kultur und Sport anbietet und deshalb von diesen finanziert wird. Öffentlich-rechtlicher Rundfunk ist kein Geschäftsmodell, sondern eine gemeinwohlorientierte Dienstleistung. In Österreich ist ein starker öffentlich-rechtlicher Anbieter aus zwei Gründen von besonders großer Bedeutung:
Erstens ist er Garant für einen eigenständigen, österreichischen Produktions- und Kreativstandort. Durch die eng begrenzten Ressourcen des heimischen Markts bedarf es eines starken, öffentlich finanzierten Players als Partner der österreichischen Film- und Fernsehwirtschaft. Gerade im fiktionalen Bereich haben die österreichischen Privatanbieter bisher keinen wesentlichen Beitrag zur heimischen Produktion geleistet. Dem *ORF* ist es in den vergangenen Jahren dagegen gelungen, die Investitionen in heimische Produktionen auf ein Rekordniveau von rund 100 Millionen Euro pro Jahr zu steigern.
Zweitens verfügt Österreich durch die Einbettung in den großen deutschsprachigen Markt über einen der wettbewerbsintensivsten Medienmärkte in Europa. Ein starker, unabhängiger *ORF* garantiert eine eigenständige, österreichische Medienidentität in Radio, Fernsehen und Online und setzt Standards, an denen sich auch der Mitbewerb orientiert.
Dem *ORF* ist es bisher trotz immer härterer Konkurrenz, immer restriktiver werdenden gesetzlichen Rahmenbedingungen und immer knapper werdenden Budgetmitteln gelungen, sich als starker, öffentlich-rechtlicher Mediendienstleister für Österreich und seine Bürgerinnen

und Bürger zu behaupten. Dafür spricht ebenfalls, dass sich nach der in diesem Band zitierten Studie auch nur rund ein Drittel des gesamten österreichischen Medienmanagements für eine „Privatisierung" des *ORF* ausspricht, zwei Drittel sind dagegen. Eine Herausrechnung der *ORF*-Dienstnehmerinnen und Dienstnehmer aus der Grundgesamtheit ist dabei für die Interpretation der Daten, wie in Kapitel 4 vorgeschlagen, eigentlich gar nicht nötig. Da im Gegenzug dann auch das Management der direkten Konkurrenz bei den elektronischen Medien, das per se eher für eine Privatisierung sein wird, herauszurechnen wäre und die Vermutung naheliegt, dass sich beide Effekte gegenseitig aufheben.

Mehr Sachlichkeit und Orientierung an den Bedürfnissen des heimischen Markts und eine gemeinsame Strategie gegen die internationale Konkurrenz wären aus Sicht des *ORF* für die Zukunft des Medienstandorts Österreich jedenfalls von großer Bedeutung. Erste zarte Versuche gibt es. Diese müssen verstärkt werden. Bis Österreich, gleich dem kleinen gallischen Dorf in den Asterix-Comics von René Goscinny und Albert Uderzo, seine Interessen mit Nachdruck gegen die drohende Übermacht verteidigt, wird allerdings noch einige Zeit vergehen.

ANHANG

Methodik und Fragebogen der Studie „Medienmanagement in Österreich"

Medienhaus Wien setzt mit seiner Studienreihe „Journalisten-Report" seit vielen Jahren den Schwerpunkt auf praxisnahe empirische Journalismusforschung. Die der Studie zugrunde liegende Definition von Medienmanagement findet sich ausführlich in der Einleitung. Kurz zusammengefasst lautet die Definition für Medienmanagement für die Studie „Journalisten-Report IV":

Medienmanagement ist das Management von Medienunternehmen.[1]

Unter Management verstehen wir in handlungsorientierter Perspektive Planung (Strategie), Organisation, Controlling, Führung, Marketing in den Bereichen Beschaffung, Erstellung, Allokation und Konsum von Content.

Management setzt Personal- oder Budgetverantwortung voraus.

Medienmanagement umfasst redaktionelles Management (Management der Content-Produktion und Distribution) und kaufmännische Aktivitäten (Management der Refinanzierung und Organisation).

Die Stichprobe und die Grundgesamtheit

Angesichts der dünnen Forschungslage zur Situation von Medienmanagerinnen und Medienmanagern im deutschsprachigen Raum musste eine erstmalige Erhebung zur Grundgesamtheit für das vorliegende Forschungsprojekt durchgeführt werden. Diese Erhebung zur Grundgesamtheit basiert auf Daten zur Grundgesamtheit von Journalistinnen und Journalisten („Journalisten-Report I") und deren Unternehmen. Da damit aber nicht das ganze Spektrum des Medienmanagements abgedeckt werden konnte, wurden weitere Strukturanalysen von österreichischen Medienunternehmen durchgeführt, um relevante Positionen und Personen zu identifizieren.

---

[1] Unter Medienunternehmen im engeren Sinne verstehen wir all jene Unternehmen, die Journalisten und Journalistinnen beschäftigen. Den Beruf Journalismus definieren wir nach dem „Journalisten-Report I" als hauptsächlich in der Produktion von Content angesiedelte Dienstleistung.

Dafür wurde auf Daten aus dem „Österreichischen Journalisten-, PR- und Medienindex", aus Websites der Unternehmen und der Liste der Rundfunkbetreiber der RTR zurückgegriffen. Zusätzlich wurden Analysen von Organigrammen aller großen österreichischen Medienunternehmen durchgeführt. So wurden z.B. Managerinnen und Manager, die Medieneinheiten übergreifend arbeiten, identifiziert, etwa im Bereich Controlling, das bei großen Medienunternehmen (wie z.B. dem *News* Verlag oder *Styria*) zentral betrieben wird. Waren derartige Sektoren in 100-prozentige Tochterfirmen ausgelagert, wurden die Personen in die Grundgesamtheit aufgenommen.

Umgekehrt zeigt sich bei kleineren Medienbetrieben oft, dass aufgrund der geringen Größe das Controlling ganz aus dem Unternehmen ausgelagert wird. War dies der Fall, wurde niemand in die Grundgesamtheit aufgenommen.

Die Stichprobe umfasst alle relevanten Medienunternehmungen im Print- und elektronischen Bereich (also all jene, die Journalisten und Journalistinnen beschäftigen) in Österreich und kann damit unter den skizzierten definitorischen Einschränkungen (Medienmanagement im engeren Sinne) als aussagekräftig und valide für dieses Segment bezeichnet werden. Für die vorliegende Studie wurde von insgesamt etwa 800 österreichischen Medienmanagerinnen und Medienmanagern ausgegangen.

Bei der Sampleerstellung und der Quotierung der Stichprobe wurde auf zwei Merkmale besonders Wert gelegt: Tätigkeitsbereich und Medium. Daraus ergeben sich folgende zwei Quotierungsebenen:

1. Eine Quotierung nach Tätigkeitsbereich: 22 % der Befragten kommen aus dem Redaktionsmanagement und 78 % aus dem Bereich General Management.

2. Eine Quotierung nach Mediengattung: Tageszeitungen, Wochenzeitungen/Magazine, öffentlich-rechtliches Radio, Privatradio, öffentlich-rechtliches TV, Privat-TV, Online, Agentur

Tab. 1: Quotierung nach Mediengattung

Medium Grundgesamtheit	Prozent
Tageszeitungen	26 %
Wochenzeitungen/Magazine	33 %
Öffentlich-rechtliches Radio	15 %
Privatradio	3 %
Öffentlich-rechtliches TV	8 %
Privat-TV	5 %
Online	7 %
Agentur	3 %

Nach Abschluss der Feldphase zeigte sich, dass die Quotierung erfüllt werden konnte, allerdings durch das häufige crossmediale Arbeiten im Management und die vielfache Verantwortung und Beteiligung nicht von einer Zuordnung zu nur einer Mediengattung ausgegangen werden kann.

Fragebogen

Im ersten Quartal 2012 wurden als Vorstudie qualitative Leitfadeninterviews mit österreichischen Medienmanagern und Medienmanagerinnen durchgeführt. Im Anschluss wurden 131 österreichische Medienmanager und Medienmanagerinnen vom Österreichischen Gallup-Institut/Karmasin Motivforschung befragt (Mai bis Juni 2012). Befragt wurden Medienmanagerinnen und Medienmanager mittels standardisierten Fragebogens in CATI-Interviews. Projektleiterinnen waren Silke Hasenegger und Helene Hagmann vom Österreichischen Gallup-Institut/Karmasin Motivforschung.

Der Fragebogen wurde auf Basis der Literaturarbeiten sowie der qualitativen Interviews entwickelt. Einige Fragen wurden mit internationalen Benchmark-Studien und bereits durchgeführten Journalistenbefragungen abgeglichen, um eine Vergleichbarkeit zu gewährleisten.

Der sehr gute Rücklauf und das Feedback der Befragten zeigten, dass nicht nur die Notwendigkeit für empirische praxisnahe Kommunikationsforschung in diesem Bereich wahrgenommen wird, sondern es auch große Bereitschaft gibt, daran mitzuwirken.

Tab. 2: Fragebogen

Fragebogen
1. Sind Sie im Management eines Unternehmens, das journalistische Produkte herstellt, tätig?
2. Haben Sie Budgetverantwortung?
3. Haben Sie Personalverantwortung?
4. Und wo liegt dabei Ihr Arbeitsschwerpunkt? • Redaktion • Personal • Marketing • Verkauf • Produktion • Controlling • Technik • Einkauf • Geschäftsführung/Herausgeber • Eigentümer
5. Für welche Mediengattung sind Sie verantwortlich?
6. In Hinblick auf das letzte halbe Jahr: Wie viele Stunden arbeiten Sie tatsächlich durchschnittlich pro Woche (inklusive Überstunden)?
7. Wie viele Jahre arbeiten Sie überhaupt schon in der Medienbranche?
8. In welchen Branchen waren Sie zuvor tätig?
9. Was ist Ihr höchster Bildungsgrad? Bitte geben Sie auch an, wenn Sie ein Studium ohne Abschluss gemacht haben!
10. Und was haben Sie studiert? Auch wenn Sie keinen Abschluss haben.

11. In welchem Bundesland arbeiten Sie hauptsächlich?

12. Nun lese ich Ihnen einige Aussagen über die Aufgaben von Journalismus vor. Die Fragen zielen auf Ihre ganz persönliche Meinung ab, wie Sie dies als Medienmanager einschätzen. Bitte bewerten Sie Ihre Zustimmung zu diesen Aussagen nach dem Schulnotensystem. Im Journalismus geht es darum ...

- komplexe Sachverhalte zu erklären und zu vermitteln
- dem Publikum eigene Ansichten zu präsentieren
- die Realität genauso abzubilden, wie sie ist
- das Publikum möglichst neutral und präzise zu informieren
- sich für die Benachteiligten in der Bevölkerung einzusetzen
- die Bereiche Politik, Wirtschaft und Gesellschaft zu kontrollieren
- Kritik an Missständen zu üben
- positive Ideale zu vermitteln
- Lebenshilfe für das Publikum zu bieten, also als Ratgeber zu dienen
- dem Publikum Unterhaltung und Entspannung zu bieten
- neue Trends aufzuzeigen und Ideen zu vermitteln
- dem Publikum möglichst schnell Informationen zu vermitteln
- sich auf Nachrichten zu konzentrieren, die für ein möglichst breites Publikum interessant sind
- die politische Tagesordnung zu beeinflussen bzw. Themen auf die politische Tagesordnung zu setzen
- normalen Leuten eine Chance zu geben, ihre Meinungen über Themen von öffentlichem Interesse zum Ausdruck zu bringen

13. Die nun folgenden Fragen beziehen sich auf Ihre Handlungsroutinen und das Verhältnis Management Journalismus generell. Wem gegenüber sind Sie als Medienmanager in erster Linie verantwortlich?

- dem Publikum
- sich selber
- dem Gewissen
- dem Auftraggeber, Herausgeber, Verlag
- der Wahrheit
- Aktionären

14. Fühlen Sie sich in Ihrem Beruf zu Handlungsweisen gedrängt, durch die Sie mit Ihrem Gewissen in Konflikt geraten?

- Ja, häufig
- Ja, manchmal
- Nein, nie

15. Im Journalismus gibt es immer wieder Spannungen zwischen wirtschaftlichen und publizistischen Erfordernissen. Sagen Sie mir bitte, wie sehr Sie folgenden Aussagen zu diesem Problem zustimmen. (voll und ganz, überwiegend, teils/teils, weniger, überhaupt nicht)

- Die Betriebe, die eine staatliche Medienförderung bekommen, müssen vom Staat strenger kontrolliert werden.
- Unter keinen Umständen sollte das Management Einfluss auf die Redaktion haben.
- Es ist schwierig, ethische Prinzipien beizubehalten, weil wir alle beruflich überlastet sind.
- Massenkommunikation ist ein Geschäft wie alles andere auch.
- Wer zahlt, schafft an – die Journalisten müssen das machen, was ihre Arbeitgeber ihnen vorschreiben.
- Es gibt einen festgeschriebenen Ethikkodex für alle Medienmanager meines Unternehmens.
- Hauptziel meines Unternehmens ist es, Gewinn zu machen.
- Hauptziel meines Unternehmens ist es, Information und Aufklärung zu bieten.

16. In den nächsten Fragen geht es nun um Ihre ganz persönliche Sichtweise zu Innovationen in Ihrer Branche. Wie relevant sind aus Ihrer Sicht die folgenden Themen für den ökonomischen Erfolg Ihres Medienunternehmens? (sehr relevant, relevant, teils/teils, weniger relevant, überhaupt nicht relevant)
   • Die Konkurrenz durch Google und andere Suchmaschinen
   • Die Konkurrenz durch Facebook und andere soziale Netzwerke
   • Das Zusammenwachsen traditioneller Produktion mit neuen digitalen Kanälen
   • Ausbau des eigenen Social-Media-Auftritts
   • Entwicklung von Mobile Content auf Tablets und Smartphones wie dem iPad

17. Wie relevant sind aus Ihrer Sicht die folgenden Themen für den redaktionellen Erfolg Ihres Medienunternehmens? (sehr relevant, relevant, teils/teils, weniger relevant, überhaupt nicht relevant)
   • Bewegtbild/TV-Entwicklung auf neuen digitalen Plattformen
   • Entwicklung neuer journalistischer Formate
   • Themenspezifische Fachkompetenz in der Redaktion
   • Führungstraining für leitende Journalisten
   • Die Zusammenarbeit unserer Journalisten für verschiedene Kanäle in einem gemeinsamen Newsroom
   • Entwicklung von Bezahlmodellen für journalistische Inhalte

18. Wie wird sich die Anzahl der redaktionellen Mitarbeiter in Ihrem Unternehmen entwickeln?
   • Abnehmen
   • Zunehmen
   • Sie bleibt gleich
   • Weiß nicht
   • Keine Angabe

19. Im folgenden Fragenblock geht es um Politik und Medienpolitik. Wo würden Sie die politische Richtung Ihres Unternehmens einordnen? Stellen Sie sich eine Skala von 1 bis 100 vor, auf der die Zahl 1 für „politisch links" und die Zahl 100 für „politisch rechts" steht. An welcher Stelle positionieren Sie die Grundhaltung Ihres Unternehmens?
   Politisch links 1_____100 Politisch rechts

20. Und Ihre eigene politische Grundhaltung? Bitte schätzen Sie auch diese auf der Skala von 1 bis 100 ein, bei der die Zahl 1 für „politisch links" und die Zahl 100 für „politisch rechts" steht.
   Politisch links 1_____100 Politisch rechts

21. Und welcher Partei fühlen Sie sich am nächsten? Das heißt nicht, dass Sie diese Partei immer wählen, sondern nur, dass Sie ihr – ganz allgemein gesprochen – zuneigen.

22. Nennen Sie bitte drei österreichische Medientitel, von denen Sie denken, dass sie in den kommenden Jahren wesentlich an Bedeutung gewinnen werden.

23. Was glauben Sie, wie stark die folgenden Medien die öffentlichen Diskussionen in Österreich beeinflussen? (sehr stark, eher stark, eher nicht stark, gar nicht)
   • Kurier
   • Der Standard
   • Kronen Zeitung
   • Die Presse
   • Wiener Zeitung
   • Salzburger Nachrichten
   • Österreich
   • profil
   • News
   • ORF
   • Kleine Zeitung
   • ATV
   • heute
   • Puls 4
   • Servus

24. Ich nenne Ihnen einige Forderungen und Behauptungen zu Medienlandschaft und Medienpolitik in Österreich. Bitte sagen Sie mir, wie weit Sie diesen zustimmen. (voll und ganz, überwiegend, teils/teils, weniger, überhaupt nicht)
   • In Österreich gibt es ein hohes Ausmaß an Konzentration bei der Eigentümerschaft an Medien.
   • Der ORF und seine Programmangebote sollten teilweise oder ganz privatisiert werden.
   • Der ORF sollte mehr Möglichkeiten im Bereich Internet und Social Media erhalten, als ihm das ORF-Gesetz derzeit zugesteht.
   • Presse- und Publizistikförderung sind wichtige Instrumente zur Erhaltung der Printmedienvielfalt in Österreich.
   • Der Fonds zur Förderung des Privatrundfunks ist ein wichtiges Instrument zur Erhaltung der Medienvielfalt im Rundfunksektor.
   • Das neue Medientransparenzgesetz ist ein wichtiges Instrument zur Kontrolle öffentlicher Ausgaben für Werbung und Inserate.

Geschlecht

Alter

Migrationshintergrund

Einkommen

Abbildungs- und Tabellenverzeichnis

Autoren und Autorinnen (in alphabetischer Reihenfolge)

Christopher Buschow, geb. 1986, ist wissenschaftlicher Mitarbeiter und Doktorand am Institut für Journalistik und Kommunikationsforschung (IJK) der Hochschule für Musik, Theater und Medien Hannover. Er studierte Medienmanagement in Hannover und Helsinki und arbeitete während des Studiums in der Strategie- und Innovationsberatung für Medienunternehmen. Sein Forschungsinteresse gilt der Schnittstelle von Kommunikationswissenschaften und Organisationsforschung, um die Entwicklung von Medien besser verstehen und gestalten zu können.

Gerlinde Hinterleitner, geboren 1964, Studium der Geschichte und Politikwissenschaft an der Universität Wien, ab 1991 Mitarbeiterin im Textarchiv des *Standard*, 1995 Gründerin des *Online-Standard*, der ersten deutschsprachigen Tageszeitung im Internet, ab 1999 Chefredakteurin und Geschäftsführerin von *derStandard.at*, seit 2008 Präsidentin der Österreichischen Medienanalyse, 2012 „Medienmanagerin des Jahres", zahlreiche Vorträge und Seminare an Fachhochschulen und Universitäten.

Andy Kaltenbrunner, Studium der Politikwissenschaft und Pädagogik, ab 1981 Ressortleiter und Redakteur bei *Neue AZ* und ab 1990 Redakteur und Ressortleiter der Politikredaktion des Nachrichtenmagazins *profil*. Journalismus-Staatspreisträger 1982 und 1985. Ebenfalls in den Achtzigerjahren Aufbau des Medienzentrums der Stadt Wien.
Von 1995 bis 1999 leitend in der *trend/profil/Orac*-Magazingruppe u. a. als Chefredakteur und Gründer mehrerer Verlagsprodukte, Print und Online, tätig. Gründung und Leitung des redaktionslehrgangs magazinjournalismus.
Seit 2000 Eigentümer der Kaltenbrunner-Medienberatung mit Projekten in Österreich, Deutschland und Spanien. Parallel langjährige Tätigkeit in Lehre und Forschung (Schwerpunkt: Medienpolitik und journalistische Praxisfächer) u. a. an den Universitäten Wien, Klagenfurt und Miguel Hernández in Elche/Spanien.
2001–2003 Initiator und Leiter der Studien im Auftrag des Wissenschaftsministeriums und der Stadt Wien zur Gründung des ersten Fachhochschulstudiengangs Journalismus in Wien (Start: 2003 an der FHW). 2005 Gründungsgesellschafter von Medienhaus Wien, seit 2011 ebendort auch Geschäftsführer. Leiter des Entwicklungsteams des FH-Studiengangs Film-, TV- und Medienproduktion (Start: Herbst 2011 an der FH des BFI in Wien). Seit 2011 Programmdirektor des executive Master-Studiengangs International Media Innovation Management an der DUW Berlin (Deutsche Universität für Weiterbildung).

Wissenschaftlicher Beirat der *Österreichischen Zeitschrift für Politikwissenschaft.* Publikations- und Forschungsschwerpunkte: Medienpolitik und Regulierung, Medienberufsausbildung, Konvergenz und Journalismus.

Matthias Karmasin, Ordinarius am Institut für Medien- und Kommunikationswissenschaft der Universität Klagenfurt. Er lehrte u. a. an der Wirtschaftsuniversität Wien, der University of Vermont/Burlington, der University of Tampa/Florida sowie 2001 an der Universität Karlsruhe. 1999–2001 hatte er die Professur für Medienmanagement am Institut für Medien- und Kommunikationswissenschaft der Technischen Universität Ilmenau (D) inne. Von 2000 bis 2007 war er Vorstand des Instituts für Medien- und Kommunikationswissenschaft an der Alpen-Adria-Universität Klagenfurt. Von 1997 bis 1998 war Karmasin als Wissenschaftler für die Wirtschaft, als Berater und Projektleiter für Verlagsmanagement, Unternehmens- und Medienberatung tätig. Karmasin ist stv. Obmann der Kommission für vergleichende Medien- und Kommunikationsforschung der Österreichischen Akademie der Wissenschaften und seit 2011 korrespondierendes Mitglied der philosophisch-historischen Klasse der ÖAW. Seit 2009 ist er Vorsitzender des Beirats für die Publizistikförderung. Karmasin ist Vorsitzender des Beirats zur Vergabe des wissenschaftlichen Förderpreises des VÖZ und Consortium Assembly Member, Ombudsmann des RP7-Projekts MediaAct und Mitglied des Steirischen Forschungsrates. Er ist Autor/Herausgeber von über 30 Büchern und hat mehr als 100 wissenschaftliche Aufsätze verfasst. Seine Arbeits- und Forschungsschwerpunkte liegen in den Bereichen Medienökonomie und Medienethik.

Nikolaus Koller, geboren 1980. Diplomstudium der Betriebswirtschaft an der WU Wien. Journalismusausbildung an der Katholischen Medien Akademie (studienbegleitend). Postgraduales Masterstudium New Media Journalism an der Universität Leipzig/Leipzig School of Media. Ab 2007 bei der Tageszeitung *Die Presse* im Karriere-Bereich. Ab 2010 Ressortleiter „Karrieren". Lehraufträge und Gastvorträge an diversen Fachhochschulen (wie FH IMC Krems, FHWien der WKW, FH Technikum Wien). Er ist seit 01.07. 2013 Studiengangleiter am Institut für Journalismus & Medienmanagement an der FHWien der WKW.

Daniela Kraus ist Geschäftsführerin von fjum_wien und dort für Programmgestaltung, die Finanzen und die Gesamtleitung von fjum_wien verantwortlich. Kraus hat zahlreiche Studien und Forschungsprojekte über Journalismus und Medien konzipiert und durchgeführt, an der Entwicklung mehrerer Curricula für akademische Studiengänge und andere Bildungsprogramme leitend mitgearbeitet und trägt an Hochschulen und Trainingseinrichtungen vor. Sie ist promovierte Historikerin, war ab Mitte der Neunzigerjahre neben ihren Studien freiberuflich in verschiedenen Medien tätig, 1998/99 zugleich Stipendiatin der Österreichischen Akademie der Wissenschaften. Bis 2005 war Kraus Mitarbeiterin der Kaltenbrunner-Medienberatung, von 2005 bis 2011 als geschäftsführende Gesellschafterin am Aufbau von Medienhaus Wien beteiligt, seit Juli 2011 ist sie Geschäftsführerin von fjum_wien. Sie ist Mitglied folgender Beiräte: zur Vergabe des wissenschaftlichen Förderpreises des VÖZ, von M-Media, der Österreichischen Gesellschaft für Kommunikationswissenschaft (ÖGK) sowie des Schweizer MediaLab.

Peter Kropsch, geb. 1965 in Wels/OÖ. Studium der Publizistik und Kommunikationswissenschaft. Post-Graduate-Studium Öffentlichkeitsarbeit. 1989 bis 1991 Pressesprecher der Elin-Gruppe, 1991 bis 1995 Wirtschaftsjournalist (Wirtschaftspressedienst). Seit 1996 bei der *APA*, ab 2009 Vorsitzender der Geschäftsführung. Seit 2012 Präsident der European Alliance of News Agencies sowie Verwaltungsratspräsident der größten Schweizer Bildagentur Keystone. Seit 2000 Lehrauftrag an der Universität Wien (Publizistik, zuletzt zur Strategie digitaler Inhalteangebote) sowie an der FH Wr. Neustadt (Managementpraxis).

Hermann Petz, geboren 1961 in Innsbruck, Studium der Sozial- und Wirtschaftswissenschaften, von 1981 bis 1990 verantwortlich für Organisation, IT, Beteiligungen, Sonderfinanzierung bei der Tiroler Sparkasse Bank AG. Ab 1990 Assistent der Geschäftsleitung bei der Moser Holding, ab 1992 kaufmännische Leitung, seit 1997 Mitglied des Vorstands, 2002 Übernahme der operativen Gesamtverantwortung, seit 2003 Vorstandsvorsitzender der Moser Holding AG. Mitglied des Vorstands und des Präsidiums des Verbands Österreichischer Zeitungen (VÖZ), Vorstandsvorsitzender der *Austria Presse Agentur (APA)*, Österreich-Delegierter der ENPA (European Newspaper Publishers Association).

Claus Reitan, geboren 1954 in Innsbruck; Journalist; Chefredakteur der *Tiroler Tageszeitung* (1995–2005), *ÖSTERREICH* (2006–2008), *Die Furche* (2008–2012); zuvor Innenpolitikredakteur bei der *Tiroler Tageszeitung* und Europa-Redakteur bei *NEWS* (1991–1994); Pressesprecher des Bundesministers für Land- und Forstwirtschaft, Dipl.-Ing. Josef Riegler (1987–1989), und des Vizekanzlers und Bundesministers für Föderalismus und Verwaltungsreform, Dipl.-Ing. Josef Riegler (1991–1992); Autor, Lehrbeauftragter und Moderator; Veröffentlichungen zu Journalismus, Medien und Medienethik sowie Politik Österreich.

Alexander Wrabetz ist seit 2007 Generaldirektor des öffentlich-rechtlichen *Österreichischen Rundfunks*. Wrabetz besuchte von 1970 bis 1978 das 2. Bundesgymnasium XIX in Wien. Nach Abschluss des Studiums und der Promotion zum Doktor der Rechtswissenschaften im Jahr 1983 absolvierte Wrabetz sein Gerichtsjahr. Von 1984 bis 1987 arbeitete er in der Girozentrale und Bank der Österreichischen Sparkassen AG. 1987 wechselte er als Assistent des Vorstandes in die Österreichische Industrieverwaltungs-AG (ÖIAG), war ab 1992 Geschäftsführer der Voest Alpine Intertrading GmbH in Linz und danach, von 1995 bis 1998, Vorstandsmitglied der ebenfalls zur ÖIAG gehörenden VAMED in Wien. In mehreren Unternehmen der ÖIAG war er im Aufsichtsrat tätig. Ab 1995 war er Mitglied des *ORF*-Kuratoriums, von 1998 bis 2006 Kaufmännischer Direktor des *ORF*.

Carsten Winter, geb. 1966, ist Universitätsprofessor für Medien- und Musikmanagement am Institut für Journalistik und Kommunikationsforschung (IJK) der Hochschule für Musik, Theater und Medien Hannover. Er lehrt an verschiedenen in- und ausländischen Universitäten und hat mehr als 20 Bücher und 50 Artikel und Buchkapitel veröffentlicht. Der Schwerpunkt seiner Forschung und Lehre liegt auf dem strategischen Management der Entwicklung von Medien und Kultur. Promoviert hat er 2004 mit der Arbeit „Die Medienkulturgeschichte des christlichen Predigers". Im Jahr 2007 erhielt er für die Arbeit „Medienentwicklung und der Wandel von öffentlicher Kommunikation und Gesellschaft" die Venia Docendi für das Fach Medien- und Kommunikationswissenschaft.

Mitarbeit

Klaus Bichler studierte Publizistik- und Kommunikationswissenschaft und Deutsche Philologie in Wien und Zürich. Seit Jänner 2009 ist er wissenschaftlicher Assistent im Medienhaus Wien. Er ist Lektor an der Donau-Universität Krems und am Institut für Publizistik- und Kommunikationswissenschaft der Universität Wien. Von 2006 bis 2008 war er als freier Mitarbeiter bei *Radio Arabella* tätig. Klaus Bichler ist Mitarbeiter im EU-Projekt im 7. Rahmenprogramm „Media Accountability and Transparency in Europe". http://www.mediaact.eu/

Sonja Luef hat an der Universität Wien Publizistik und Kommunikationswissenschaft sowie Deutsche Philologie studiert. Von 1999 bis 2009 war sie journalistisch erst für die *NÖ Rundschau*, wo sie das Kultur-Ressort leitete, dann für das NÖ Pressehaus tätig. Sie schrieb vor allem über regionalpolitische und kulturelle Themen. Für Medienhaus Wien arbeitet sie seit Anfang 2011 in den Bereichen Organisation, Kommunikation und Administration.